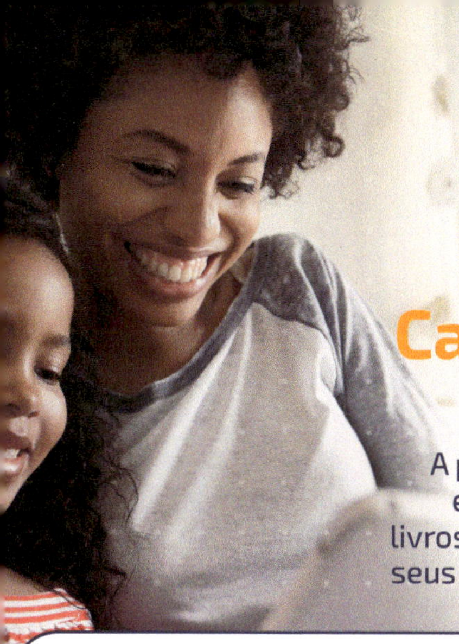

 # educamos·sm

Caro aluno, seja bem-vindo à sua plataforma do conhecimento!

A partir de agora, você tem à sua disposição uma plataforma que reúne, em um só lugar, recursos educacionais digitais que complementam os livros impressos e são desenvolvidos especialmente para auxiliar você em seus estudos. Veja como é fácil e rápido acessar os recursos deste projeto.

1 Faça a ativação dos códigos dos seus livros.

Se você NÃO tiver cadastro na plataforma:
- Para acessar os recursos digitais, você precisa estar cadastrado na plataforma educamos.sm. Em seu computador, acesse o endereço <br.educamos.sm>.
- No canto superior direito, clique em "Primeiro acesso? Clique aqui". Para iniciar o cadastro, insira o código indicado abaixo.
- Depois de incluir todos os códigos, clique em "Registrar-se" e, em seguida, preencha o formulário para concluir esta etapa.

Se você JÁ fez cadastro na plataforma:
- Em seu computador, acesse a plataforma e faça o *login* no canto superior direito.
- Em seguida, você visualizará os livros que já estão ativados em seu perfil. Clique no botão "Adicionar livro" e insira o código abaixo.

Este é o seu código de ativação! → **D1FY1-SMTBR-AMGHP**

2 Acesse os recursos.

Usando um computador

Usando um dispositivo móvel

Acesse o endereço <br.educamos.sm> e faça o *login* no canto superior direito. Nessa página, você visualizará todos os seus livros cadastrados. Para acessar o livro desejado, basta clicar na sua capa.

Instale o aplicativo **educamos.sm**, que está disponível gratuitamente na loja de aplicativos do dispositivo. Utilize o mesmo *login* e a mesma senha da plataforma para acessar o aplicativo.

Importante! Não se esqueça de sempre cadastrar seus livros da SM em seu perfil. Assim, você garante a visualização dos seus conteúdos, seja no computador, seja no dispositivo móvel. Em caso de dúvida, entre em contato com nosso canal de atendimento pelo **telefone 0800 72 54876** ou pelo *e-mail* atendimento@grupo-sm.com.

BRA190920_1291

Vamos Aprender 2

CIÊNCIAS

ANOS INICIAIS DO ENSINO FUNDAMENTAL

Vanessa Michelan

Bacharela e licenciada em Ciências Biológicas pela Universidade Estadual de Londrina (UEL-PR).
Mestra em Genética e Biologia Molecular pela UEL-PR.
Especialista em Ensino de Ciências Biológicas pela UEL-PR.
Autora de livros didáticos para o Ensino Fundamental.
Professora da rede pública de Ensino Fundamental e Ensino Médio no estado do Paraná.
Realiza trabalhos de assessoria pedagógica no desenvolvimento de materiais didáticos para o Ensino Fundamental.

São Paulo, 2ª edição, 2020

Vamos aprender Ciências 2
© SM Educação
Todos os direitos reservados

Direção editorial: M. Esther Nejm
Gerência editorial: Cláudia Carvalho Neves
Gerência de *design* e produção: André Monteiro
Coordenação de *design*: Gilciane Munhoz
Coordenação de arte: Melissa Steiner Rocha Antunes
Coordenação de iconografia: Josiane Laurentino
Assistência administrativa editorial: Fernanda Fortunato

Produção editorial: Scriba Soluções Editoriais
Supervisão de produção: Priscilla Cornelsen Rosa
Edição: Kelly Cristina dos Santos, Ana Carolina Ferraro
Preparação de texto: Gislaine Maria da Silva
Revisão: Mariana Góis, Salvine Maciel
Edição de arte: Mary Vioto, Barbara Sarzi, Janaina Oliveira
Pesquisa iconográfica: André Silva Rodrigues
Projeto gráfico: Marcela Pialarissi, Rogério C. Rocha

Capa: Gilciane Munhoz
Ilustração de capa: Brenda Bossato
Pré-impressão: Américo Jesus
Fabricação: Alexander Maeda
Impressão: A.R. Fernandez

Dados Internacionais de Catalogação na Publicação (CIP)
(Câmara Brasileira do Livro, SP, Brasil)

Michelan, Vanessa
   Vamos aprender ciências, 2º ano : ensino fundamental, anos iniciais / Vanessa Michelan. – 2. ed. – São Paulo : Edições SM, 2020.

   Suplementado pelo manual do professor.
   Bibliografia.
   ISBN 978-85-418-2761-4 (aluno)
   ISBN 978-85-418-2762-1 (professor)

   1. Ciências (Ensino fundamental) I. Título.

20-35750   CDD-372.35

Índices para catálogo sistemático:

1. Ciências : Ensino fundamental 372.35

   Cibele Maria Dias - Bibliotecária - CRB-8/9427

2ª edição, 2020
1ª impressão, dezembro 2023

SM Educação
Rua Tenente Lycurgo Lopes da Cruz, 55
Água Branca 05036-120 São Paulo SP Brasil
Tel. 11 2111-7400
atendimento@grupo-sm.com
www.grupo-sm.com/br

CARO ALUNO, CARA ALUNA,

VOCÊ COMEÇOU A APRENDER E A FAZER DESCOBERTAS ANTES MESMO DE ENTRAR NA ESCOLA. ESTE LIVRO FOI CRIADO PARA DEMONSTRAR O QUANTO VOCÊ JÁ SABE E O QUANTO AINDA PODE APRENDER. ELE TAMBÉM VAI AJUDAR VOCÊ A CONHECER MAIS SOBRE SI E A ENTENDER MELHOR O MUNDO EM QUE VIVEMOS.

VAMOS CONHECÊ-LO!

ABERTURA

NO INÍCIO DE CADA UNIDADE, VOCÊ VAI ENCONTRAR UMA IMAGEM E O **PONTO DE PARTIDA** COM QUESTÕES PARA QUE CONVERSE COM OS COLEGAS SOBRE O ASSUNTO.

PARA FAZER JUNTOS!

OPORTUNIDADE PARA QUE VOCÊ E OS COLEGAS TRABALHEM JUNTOS EM ALGUMA ATIVIDADE.

PRATIQUE E APRENDA

PARA COLOCAR EM PRÁTICA O QUE APRENDEU POR MEIO DE ATIVIDADES.

VOCÊ E OS COLEGAS PODERÃO REFLETIR E CONVERSAR SOBRE TEMAS IMPORTANTES PARA NOSSA SOCIEDADE, COMO SAÚDE, MEIO AMBIENTE E DIREITOS HUMANOS.

DIVIRTA-SE E APRENDA

AQUI VOCÊ ENCONTRARÁ BRINCADEIRAS, ATIVIDADES E JOGOS RELACIONADOS AOS CONTEÚDOS DA UNIDADE.

DICA

VEJA DICAS SOBRE ALGUNS CONTEÚDOS OU ATIVIDADES.

VOCÊ VAI PARTICIPAR DE ATIVIDADES PRÁTICAS INVESTIGATIVAS RELACIONADAS AOS TEMAS ESTUDADOS NA UNIDADE.

QUE CURIOSO!

INFORMAÇÕES CURIOSAS RELACIONADAS AO CONTEÚDO ESTUDADO VOCÊ ENCONTRA AQUI.

VOCABULÁRIO

PARA AJUDAR VOCÊ A COMPREENDER OS TEXTOS, ALGUMAS PALAVRAS APARECEM DESTACADAS E O SIGNIFICADO DELAS É APRESENTADO NA PÁGINA.

APRENDA MAIS!

VEJA SUGESTÕES DE LIVROS, FILMES, *SITES*, VÍDEOS E MÚSICAS.

BOXE COMPLEMENTAR

VOCÊ VAI CONHECER UM POUCO MAIS SOBRE OS ASSUNTOS ESTUDADOS NA UNIDADE.

GLOSSÁRIO

PRESENTE NO FINAL DO LIVRO, TRAZ O SIGNIFICADO E INFORMAÇÕES COMPLEMENTARES DE ALGUNS TERMOS PARA AJUDAR VOCÊ A COMPREENDER O QUE ESTÁ SENDO ESTUDADO.

PONTO DE CHEGADA

VAI AJUDAR VOCÊ A REVISAR OS CONTEÚDOS ESTUDADOS NA UNIDADE.

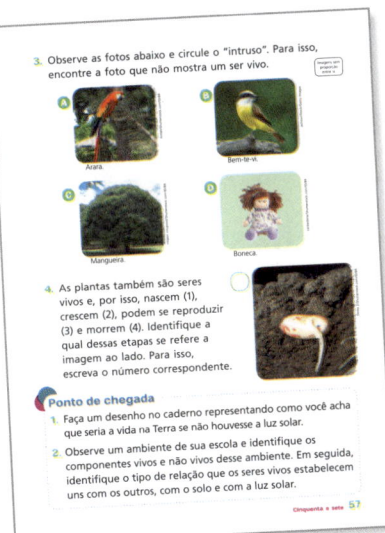

VAMOS...

AQUI VOCÊ VAI VER DICAS, COMENTÁRIOS E REFLEXÕES QUE CONTRIBUEM PARA O SEU DESENVOLVIMENTO E SUA RELAÇÃO COM OS OUTROS E COM O MUNDO. VEJA ALGUNS EXEMPLOS.

CONHEÇA OS ÍCONES

- RESPONDA À ATIVIDADE ORALMENTE.
- ESCREVA A RESPOSTA NO CADERNO.
- ENCONTRE O SIGNIFICADO E MAIS INFORMAÇÕES SOBRE O TERMO EM DESTAQUE NO GLOSSÁRIO.

QUADRO MEDIDA: QUADRO QUE APRESENTA AS MEDIDAS APROXIMADAS DE SERES VIVOS ADULTOS E DE ASTROS DO UNIVERSO.

SUMÁRIO

UNIDADE 1 — CONHECENDO OS AMBIENTES 8

- **DIFERENTES AMBIENTES** 9
  - PARA FAZER JUNTOS! 9
  - PARA FAZER JUNTOS! 10
  - PRATIQUE E APRENDA 11
- **AMBIENTES AQUÁTICOS E AMBIENTES TERRESTRES** 12
  - PRATIQUE E APRENDA 14
- **OS AMBIENTES PASSAM POR MODIFICAÇÕES** 15
  - PRATIQUE E APRENDA 17
  - DESMATAMENTO E QUEIMADAS 19
    - POR DENTRO DO TEMA
      REFLORESTAMENTO 22
  - PRATIQUE E APRENDA 24
  - PARA FAZER JUNTOS! 26

UNIDADE 2 — COMPONENTES DO AMBIENTE: AR E ÁGUA 28

- **AR** 29
  - PRATIQUE E APRENDA 32
  - INVESTIGUE E APRENDA 34
- **ÁGUA** 36
  - POR DENTRO DO TEMA
    POLUIÇÃO DA ÁGUA 38
  - PRATIQUE E APRENDA 39

UNIDADE 3 — COMPONENTES DO AMBIENTE: SOLO, LUZ SOLAR E SERES VIVOS 41

- **SOLO** 42
  - PRATIQUE E APRENDA 43
- **LUZ SOLAR** 44
  - PARA FAZER JUNTOS! 44
  - POR DENTRO DO TEMA
    ENERGIA SOLAR 47
  - PRATIQUE E APRENDA 49
  - INVESTIGUE E APRENDA 52
- **SERES VIVOS** 54
  - PRATIQUE E APRENDA 56

UNIDADE 4 — ESTUDANDO AS PLANTAS 58

- **OBSERVANDO AS PLANTAS** 59
  - CICLO DE VIDA DAS PLANTAS 62
    - POR DENTRO DO TEMA
      AS ÁRVORES E AS CIDADES 64
    - PRATIQUE E APRENDA 66
- **AS PLANTAS E SUAS PARTES** 67
  - RAIZ 69
  - CAULE 70
  - FOLHA 71
    - PARA FAZER JUNTOS! 71
  - FLOR 72
  - FRUTO E SEMENTE 74
    - INVESTIGUE E APRENDA 76
    - PRATIQUE E APRENDA 78
    - DIVIRTA-SE E APRENDA 80

UNIDADE 5 — AS PLANTAS E O AMBIENTE 81

AS PLANTAS E OS DEMAIS COMPONENTES DO AMBIENTE 82

AS PLANTAS E OS SERES HUMANOS 84

POR DENTRO DO TEMA
DESMATAMENTO 86

PRATIQUE E APRENDA 87

PARA FAZER JUNTOS! 89

POR DENTRO DO TEMA
HIDROPONIA 92

PRATIQUE E APRENDA 93

CUIDANDO DAS PLANTAS 94

POR DENTRO DO TEMA
AGRICULTOR 97

INVESTIGUE E APRENDA 98

PRATIQUE E APRENDA 100

UNIDADE 6 — ESTUDANDO OS ANIMAIS 103

CONHECENDO OS ANIMAIS 104

CARACTERÍSTICAS GERAIS DOS ANIMAIS 105

DIVIRTA-SE E APRENDA 105

DIVIRTA-SE E APRENDA 107

DIVIRTA-SE E APRENDA 108

PRATIQUE E APRENDA 109

ANIMAIS E O AMBIENTE 112

ANIMAIS CRIADOS PELO SER HUMANO 114

DIVIRTA-SE E APRENDA 115

PARA FAZER JUNTOS! 116

DIVIRTA-SE E APRENDA 116

POR DENTRO DO TEMA
TRÁFICO DE ANIMAIS SILVESTRES 117

PRATIQUE E APRENDA 118

UNIDADE 7 — OBJETOS E SEUS MATERIAIS 121

OBJETOS DO DIA A DIA 122

DIVIRTA-SE E APRENDA 122

POR DENTRO DO TEMA
O PLÁSTICO 126

DO QUE ERAM FEITOS OS OBJETOS DO PASSADO 127

PRATIQUE E APRENDA 129

FABRICAÇÃO DOS PRODUTOS 132

POR DENTRO DO TEMA
AS INDÚSTRIAS E O AMBIENTE 134

POR DENTRO DO TEMA
ECONOMIZAR DINHEIRO 136

PRATIQUE E APRENDA 137

UNIDADE 8 — PREVENÇÃO DE ACIDENTES 140

CUIDADOS EM NOSSO COTIDIANO 141

POR DENTRO DO TEMA
CUIDADOS NO TRÂNSITO 144

PRATIQUE E APRENDA 146

CUIDADOS COM A ENERGIA ELÉTRICA 151

PRATIQUE E APRENDA 154

GLOSSÁRIO 157
BIBLIOGRAFIA 160

UNIDADE 1
CONHECENDO OS AMBIENTES

A

B

MACHU PICCHU EM CUSCO, PERU, EM 2017.

PONTO DE PARTIDA

1. CITE UMA CARACTERÍSTICA DOS LOCAIS **A** E **B**, QUE DIFEREM UM DO OUTRO.

2. QUAL DOS LOCAIS MOSTRADOS NA FOTO SOFREU MAIS MODIFICAÇÃO DO SER HUMANO? RELATE UMA ALTERAÇÃO REALIZADA PELO SER HUMANO NESSE LOCAL.

DIFERENTES AMBIENTES

CARLA OBSERVOU ALGUMAS CARACTERÍSTICAS DO PÁTIO DA ESCOLA PARA FAZER UM TRABALHO DE CIÊNCIAS. VEJA O QUE ELA ANOTOU DURANTE ESSA OBSERVAÇÃO.

No pátio da escola, eu vi:	No pátio da escola, eu ouvi:	No pátio da escola, eu senti o cheiro de:
Bancos. Árvores. Alunos.	Canto de pássaros. Bolas batendo no chão.	Lanche da cantina. Flores do jardim.

TODA VEZ QUE ENCONTRAR ESSE ÍCONE, PROCURE O TERMO EM DESTAQUE NO **GLOSSÁRIO**, QUE SE INICIA NA PÁGINA **157**.

REPRESENTAÇÃO SEM PROPORÇÃO DE TAMANHO.

CARLA

OS ANIMAIS, AS PLANTAS, O AR, A ÁGUA, O SOLO E AS CONSTRUÇÕES FAZEM PARTE DO AMBIENTE EM QUE CARLA ESTÁ.

VAMOS INVESTIGAR

OBSERVAR E INVESTIGAR AJUDA A COMPREENDER O QUE ESTÁ AO NOSSO REDOR E A DESENVOLVER NOSSO PENSAMENTO CIENTÍFICO.

PARA FAZER JUNTOS!

COM O PROFESSOR E SEUS COLEGAS, FAÇAM UM PASSEIO PELO PÁTIO DA ESCOLA. EM UMA CARTOLINA, MONTEM UM QUADRO, COMO O DE CARLA, ANOTANDO O QUE VOCÊS OBSERVARAM DURANTE O PASSEIO.

OS SERES VIVOS E TUDO O QUE ESTÁ AO NOSSO REDOR, INCLUINDO A ÁGUA, O SOLO, O AR E A LUZ SOLAR, COMPÕEM O AMBIENTE EM QUE ESTAMOS.

CARLA TAMBÉM PESQUISOU IMAGENS E CARACTERÍSTICAS DE DIFERENTES AMBIENTES DO PLANETA TERRA. VEJA ABAIXO.

OS **DESERTOS** SÃO AMBIENTES COM POUCA ÁGUA DISPONÍVEL. NELES, VIVEM ANIMAIS E PLANTAS COM CARACTERÍSTICAS QUE LHES PERMITEM SOBREVIVER NESSAS CONDIÇÕES.

DESERTO DA NAMÍBIA, ÁFRICA, EM 2017.

AS **REGIÕES POLARES** SÃO AMBIENTES EM QUE O SOLO GERALMENTE ESTÁ COBERTO POR GELO. POUCAS PLANTAS E ANIMAIS SÃO CAPAZES DE VIVER NESSE AMBIENTE. O URSO-POLAR É UM EXEMPLO DE ANIMAL QUE VIVE EM REGIÕES POLARES.

URSO-POLAR: PODE ATINGIR CERCA DE 3,4 METROS DE COMPRIMENTO.

URSOS-POLARES NO ÁRTICO.

O **PANTANAL** É UM AMBIENTE FORMADO POR RIOS E LAGOS QUE, EM ALGUNS MESES DO ANO, ALAGAM GRANDE PARTE DO SOLO. NESSE AMBIENTE, EXISTEM DIFERENTES PLANTAS E ANIMAIS.

PANTANAL EM POCONÉ, MATO GROSSO, EM 2017.

(IMAGENS SEM PROPORÇÃO ENTRE SI.)

PARA FAZER JUNTOS!

CONVERSE COM UM COLEGA SOBRE COMO SERIA VIVER EM CADA UM DOS AMBIENTES DAS FOTOS DESTA PÁGINA.

QUE CURIOSO!

O DROMEDÁRIO É UM DOS ANIMAIS QUE CONSEGUE SOBREVIVER NO DESERTO. ESSE ANIMAL PODE FICAR CERCA DE 17 DIAS SEM BEBER ÁGUA E É CAPAZ DE INGERIR ATÉ 100 LITROS DE ÁGUA DE UMA VEZ!

DROMEDÁRIO.

DROMEDÁRIO: PODE ATINGIR CERCA DE 2,8 METROS DE COMPRIMENTO.

PRATIQUE E APRENDA

1. LEIA A TIRA ABAIXO.

CASCÃO, DE MAURICIO DE SOUSA. *TURMA DA MÔNICA*. TIRA N. 7454. SÃO PAULO, 1999. DISPONÍVEL EM: <http://turmadamonica.uol.com.br>. ACESSO EM: 27 JAN. 2016.

A. DE ACORDO COM O CASCÃO, POR QUE A ANTENA CARACTERIZA A CASA DE CEBOLINHA?

_____

B. MARQUE UM **X** NAS PALAVRAS QUE REPRESENTAM O QUE EXISTE NO AMBIENTE MOSTRADO NA TIRINHA.

◯ RIO	◯ ROCHA	◯ SOLO	◯ PEIXE
◯ ÁRVORE	◯ BARCO	◯ ANTENA	◯ PESSOAS
◯ CASA	◯ MURO	◯ GRAMA	

ONZE **11**

AMBIENTES AQUÁTICOS E AMBIENTES TERRESTRES

COMO VOCÊ ESTUDOU, OS AMBIENTES PODEM SER DIFERENTES UNS DOS OUTROS. O BRASIL É UM PAÍS COM MUITAS BELEZAS NATURAIS E VARIEDADE DE AMBIENTES. MUITOS DELES SÃO PONTOS TURÍSTICOS, COMO O MUNICÍPIO DE BONITO, NO MATO GROSSO DO SUL.

MARINA MORA EM BONITO. VEJA DUAS FOTOS QUE ELA TEM EM SEU ÁLBUM DAS ÚLTIMAS FÉRIAS.

IMAGENS SEM PROPORÇÃO ENTRE SI.

A PAPAI MERGULHANDO ENTRE PIRAPUTANGAS EM UM RIO, EM BONITO.

B ANTA.

PIRAPUTANGA: PODE ATINGIR CERCA DE 56 CENTÍMETROS DE COMPRIMENTO.
ANTA: PODE ATINGIR CERCA DE 2,2 METROS DE COMPRIMENTO.

1. CITE A PRINCIPAL DIFERENÇA QUE VOCÊ OBSERVA ENTRE OS DOIS AMBIENTES DAS FOTOS.

2. CIRCULE A IMAGEM QUE VOCÊ ACHA QUE REPRESENTA UM AMBIENTE AQUÁTICO. DEPOIS, RELATE PORQUE VOCÊ ASSINALOU ESSA IMAGEM.

3. OBSERVE NOVAMENTE AS FOTOS **A** E **B**, DA PÁGINA **ANTERIOR**. DEPOIS, COMPLETE CORRETAMENTE AS INFORMAÇÕES A SEGUIR.

A FOTO _____ APRESENTA UM **AMBIENTE AQUÁTICO**, POIS ELE É FORMADO, EM SUA MAIOR PARTE, POR ÁGUA. OS RIOS, LAGOS E MARES SÃO AMBIENTES AQUÁTICOS.

JÁ A FOTO _____ APRESENTA UM **AMBIENTE TERRESTRE**, POIS ELE É FORMADO, EM SUA MAIOR PARTE, POR SOLO, ROCHAS E AR.

TANTO OS ANIMAIS COMO AS PLANTAS POSSUEM CARACTERÍSTICAS QUE LHES PERMITEM VIVER EM CADA UM DESSES AMBIENTES.

OS PEIXES, EM GERAL, POSSUEM CORPO ALONGADO E NADADEIRAS, QUE LHES PERMITEM SE LOCOMOVER EM AMBIENTES AQUÁTICOS.

TRUTA: PODE ATINGIR CERCA DE 1 METRO DE COMPRIMENTO.

TRUTA.

CERVO-DO-PANTANAL.

O CERVO-DO-PANTANAL POSSUI PERNAS, QUE LHE PERMITEM CAMINHAR E CORRER SOBRE O SOLO NO AMBIENTE TERRESTRE.

CERVO-DO-PANTANAL: PODE ATINGIR CERCA DE 2 METROS DE COMPRIMENTO.

O AMBIENTE TERRESTRE E O AMBIENTE AQUÁTICO SÃO DIFERENTES ENTRE SI E AMBOS SÃO IMPORTANTES PARA A VIDA NO PLANETA TERRA.

PRATIQUE E APRENDA

1. SUBSTITUA OS NÚMEROS PELAS LETRAS CORRESPONDENTES E DESCUBRA O NOME DE ALGUNS ANIMAIS.

1	2	3	4	5	6	7	8	9	10	11	12	13	14	15	16	17
A	C	G	I	J	L	N	O	R	S	T	U	M	D	P	V	B

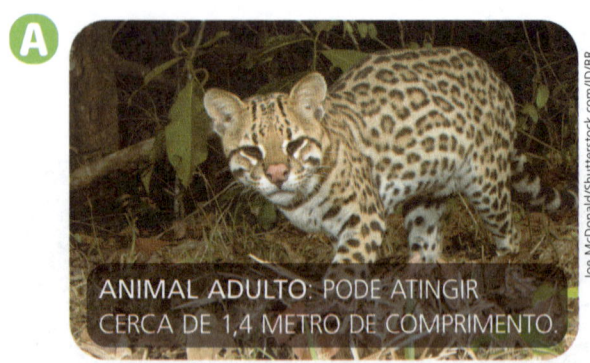

A

ANIMAL ADULTO: PODE ATINGIR CERCA DE 1,4 METRO DE COMPRIMENTO.

Joe McDonald/Shutterstock.com/ID/BR

5	1	3	12	1	11	4	9	4	2	1

B

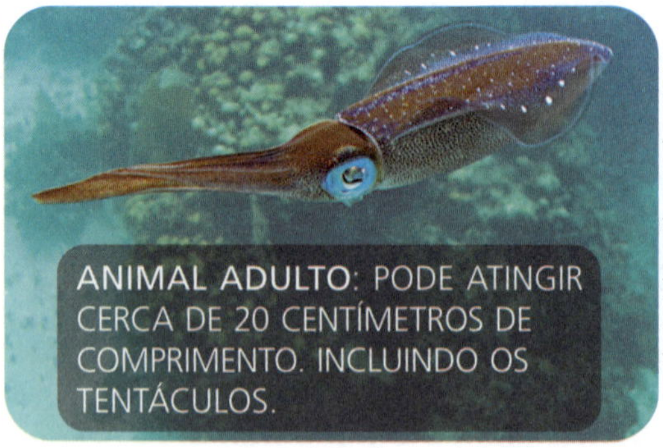
ANIMAL ADULTO: PODE ATINGIR CERCA DE 20 CENTÍMETROS DE COMPRIMENTO, INCLUINDO OS TENTÁCULOS.

John A. Anderson/Shutterstock.com/ID/BR

6	12	6	1

C

ANIMAL ADULTO: PODE ATINGIR CERCA DE 56 CENTÍMETROS DE COMPRIMENTO.

SJ Travel Photo and Video/Shutterstock.com/ID/BR

11	12	2	1	7	8

D

ANIMAL ADULTO: PODE ATINGIR CERCA DE 65 CENTÍMETROS DE COMPRIMENTO.

R.M. Nunes/Shutterstock.com/ID/BR

10	1	3	12	4

A. CIRCULE O(S) ANIMAL(IS) QUE VIVE(M) EM AMBIENTE AQUÁTICO.

B. CONVERSE COM OS COLEGAS SOBRE O QUE VOCÊ OBSERVOU PARA RESPONDER À QUESTÃO ANTERIOR.

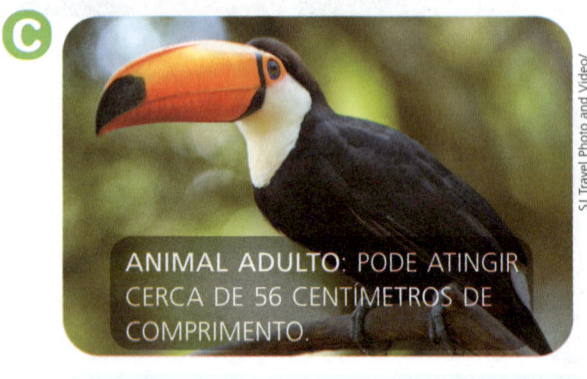

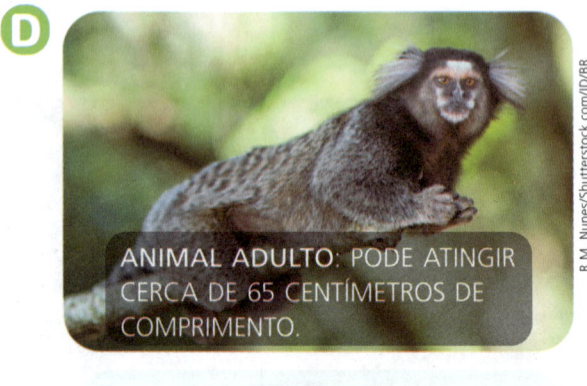

OS AMBIENTES PASSAM POR MODIFICAÇÕES

OBSERVE A IMAGEM A SEGUIR.

AS DUNAS SÃO MONTANHAS ORIGINADAS PELO ACÚMULO DE AREIA.

ESSAS DUNAS PODEM SE MOVER DE UM LOCAL PARA O OUTRO AO LONGO DO TEMPO, COMO OCORREU EM GENIPABU. VEJA AO LADO.

CASA SOTERRADA PELAS DUNAS DE GENIPABU, EM EXTREMOZ, RIO GRANDE DO NORTE, EM 2012.

OS AMBIENTES SOFREM MODIFICAÇÕES AO LONGO DO TEMPO. NA IMAGEM ACIMA, O VENTO FOI O PRINCIPAL RESPONSÁVEL POR PROVOCAR A MOVIMENTAÇÃO DAS DUNAS AO LONGO DOS ANOS. ALÉM DO VENTO, A CHUVA E OUTROS FENÔMENOS NATURAIS TAMBÉM ALTERAM OS AMBIENTES.

AS MODIFICAÇÕES NOS AMBIENTES TAMBÉM PODEM OCORRER PELA AÇÃO DOS ANIMAIS, AO SE DESLOCAREM, PROCURAREM ALIMENTOS OU CONSTRUÍREM ABRIGOS, COMO OS DA FOTO ABAIXO.

CUPINZEIROS NO PANTANAL, MATO GROSSO DO SUL, EM 2015.

O SER HUMANO PODE MODIFICAR O AMBIENTE DE DIVERSAS MANEIRAS. VEJA A SEGUIR DUAS FOTOS DE UM MESMO AMBIENTE EM DIFERENTES MOMENTOS.

IMAGENS SEM PROPORÇÃO ENTRE SI.

SETE QUEDAS DO RIO PARANÁ, NO ESTADO DO PARANÁ, EM 1982.

VISTA AÉREA DA USINA HIDRELÉTRICA DE ITAIPU, EM FOZ DO IGUAÇU, PARANÁ, EM 2015.

1. CIRCULE A FOTO QUE APRESENTA O AMBIENTE COM MAIS ALTERAÇÕES REALIZADAS PELO SER HUMANO. EM SEGUIDA, RELATE DUAS DESSAS ALTERAÇÕES.

O AMBIENTE DAS IMAGENS ACIMA FOI MODIFICADO PELO SER HUMANO. GERALMENTE, O SER HUMANO TRANSFORMA OS AMBIENTES PARA ATENDER ÀS SUAS NECESSIDADES, COMO CONSTRUIR MORADIAS, GERAR ENERGIA ELÉTRICA, FAZER PLANTAÇÕES, CRIAR ANIMAIS, DESLOCAR-SE DE UM LOCAL PARA OUTRO, OBTER MATERIAIS, ENTRE OUTROS MOTIVOS.

2. CITE A PRINCIPAL NECESSIDADE HUMANA QUE FOI SUPRIDA COM A MODIFICAÇÃO DO AMBIENTE DA IMAGEM QUE VOCÊ CIRCULOU.

MUITAS ALTERAÇÕES QUE O SER HUMANO REALIZA PODEM CAUSAR PREJUÍZOS AOS AMBIENTES. ESSES PREJUÍZOS AFETAM OS SERES VIVOS E PODEM CAUSAR A <u>EXTINÇÃO</u> DE PLANTAS E ANIMAIS.

PRATIQUE E APRENDA

1. OBSERVE ABAIXO A TELA DO PINTOR PARANAENSE MARCELO SCHIMANESKI.

VAMOS VALORIZAR

AS TELAS SÃO EXEMPLOS DE MANIFESTAÇÃO ARTÍSTICA. APRECIÁ-LAS E INTERPRETÁ-LAS É UMA FORMA DE VALORIZAR A ARTE.

VILA DA CACHOEIRA, DE MARCELO SCHIMANESKI. ÓLEO SOBRE TELA, 50 CM × 70 CM. 2006.

A. MARQUE UM **X** NAS TRANSFORMAÇÕES REALIZADAS PELO SER HUMANO NESSE AMBIENTE.

- ◯ CONSTRUÇÃO DE CASAS E DE RUAS.
- ◯ CONSTRUÇÃO DE PRÉDIOS.
- ◯ CONSTRUÇÃO DE CERCAS.
- ◯ CRIAÇÃO DE ANIMAIS.

B. CONVERSE COM UM COLEGA SOBRE COMO VOCÊS ACHAM QUE ERA ESSE AMBIENTE ANTES DE O SER HUMANO MODIFICÁ-LO. ANOTE ABAIXO SUAS CONCLUSÕES.

_____
_____
_____

2. AS FOTOS A SEGUIR MOSTRAM AMBIENTES QUE SOFRERAM TRANSFORMAÇÕES. COM QUE OBJETIVO FORAM REALIZADAS ESSAS TRANSFORMAÇÕES?

IMAGENS SEM PROPORÇÃO ENTRE SI.

A

USINA HIDRELÉTRICA DE ITAIPU, NO RIO PARANÁ, NA FRONTEIRA ENTRE O BRASIL E O PARAGUAI, EM 2015.

B

PLANTAÇÃO DE CANA-DE-AÇÚCAR.

C

RECIFE, PERNAMBUCO, EM 2016.

D

CRIAÇÃO DE GADO.

DESMATAMENTO E QUEIMADAS

O SER HUMANO RETIRA A VEGETAÇÃO DE MUITOS LOCAIS PARA OBTER MADEIRA, CONSTRUIR ESTRADAS, CIDADES, FORMAR PLANTAÇÕES E CRIAR ANIMAIS, POR EXEMPLO. ESSE PROCESSO É CHAMADO **DESMATAMENTO**.

DESMATAMENTO NA FLORESTA AMAZÔNICA, EM 2017.

A RETIRADA DE MADEIRA MUITAS VEZES É REALIZADA DE FORMA ILEGAL. A FISCALIZAÇÃO E A PUNIÇÃO DOS RESPONSÁVEIS É MUITO IMPORTANTE PARA REDUZIR ESSE TIPO DE ATIVIDADE.

IMAGENS SEM PROPORÇÃO ENTRE SI.

CAMINHÃO COM MADEIRA ILEGAL APREENDIDO NA REGIÃO DA TRANSAMAZÔNICA, EM 2016.

PARA LIMPAR GRANDES ÁREAS, O SER HUMANO PROVOCA A QUEIMA DA VEGETAÇÃO. ESSE PROCESSO É CONHECIDO COMO **QUEIMADA**.

EM ALGUNS CASOS, A QUEIMADA PODE SE TORNAR INCONTROLÁVEL, PROVOCANDO GRANDES INCÊNDIOS.

IMAGENS SEM PROPORÇÃO ENTRE SI.

VISTA AÉREA DE QUEIMADA NA FLORESTA AMAZÔNICA PARA CRIAÇÃO DE PASTO, NO ESTADO DO PARÁ, EM 2015.

TANTO O DESMATAMENTO QUANTO AS QUEIMADAS PREJUDICAM O SOLO E OS SERES VIVOS DO AMBIENTE.

COM A DESTRUIÇÃO DA VEGETAÇÃO, MUITOS ANIMAIS PERDEM SEUS ABRIGOS E SUAS PRINCIPAIS FONTES DE ALIMENTO.

VEADO-CAMPEIRO: PODE ATINGIR CERCA DE 1,4 METRO DE COMPRIMENTO.

VEADO-CAMPEIRO APÓS INCÊNDIO NO PARQUE NACIONAL DAS EMAS, GOIÁS, EM 2017.

AGORA, VEJA O **CARTUM** A SEGUIR.

BIRATAN. *GREENCARTOON*. DISPONÍVEL EM: <http://greencartoon.Blogspot.Com.Br/2009/08/ecocartoon_17.html>. ACESSO EM: 8 DEZ. 2017.

1. DESCREVA A PAISAGEM APRESENTADA NO CARTUM.

2. POR QUE O PERSONAGEM ENCHEU UMA ÁRVORE INFLÁVEL?

CARTUM: DESENHO HUMORÍSTICO COM O OBJETIVO DE CRITICAR ALGUMA SITUAÇÃO DO DIA A DIA OU DO COMPORTAMENTO DA SOCIEDADE.

VAMOS REFLETIR

ANTES DE TOMAR DECISÕES E DEFENDER PONTOS DE VISTA, É MUITO IMPORTANTE REFLETIR SOBRE AS CONSEQUÊNCIAS DE UMA AÇÃO, TENDO COMO BASE INFORMAÇÕES CONFIÁVEIS. QUAL SUA OPINIÃO SOBRE OS PREJUÍZOS PROVOCADOS PELAS ALTERAÇÕES HUMANAS NO AMBIENTE?

AS ALTERAÇÕES HUMANAS NO AMBIENTE, COMO O DESMATAMENTO, PODEM CAUSAR PREJUÍZOS AO AMBIENTE E A OUTROS SERES VIVOS, INCLUSIVE AOS SERES HUMANOS. NO CARTUM ACIMA, POR EXEMPLO, POR CAUSA DA AUSÊNCIA DE ÁRVORES, O PERSONAGEM NÃO ENCONTRA UM LOCAL COM SOMBRA PARA SENTAR E LER SEU LIVRO.

ANTES DE REALIZAR ALTERAÇÕES NO AMBIENTE, É IMPORTANTE VERIFICAR SE A MODIFICAÇÃO É REALMENTE NECESSÁRIA E BUSCAR SEMPRE SOLUÇÕES PARA CAUSAR O MENOR DANO POSSÍVEL AO AMBIENTE.

POR DENTRO DO TEMA

EDUCAÇÃO AMBIENTAL

REFLORESTAMENTO

O PROFESSOR DE CARINA LEVOU PARA A AULA DUAS IMAGENS. OBSERVE A IMAGEM **A** E LEIA O TEXTO A SEGUIR.

ÁREA DESMATADA EM SÃO GONÇALO

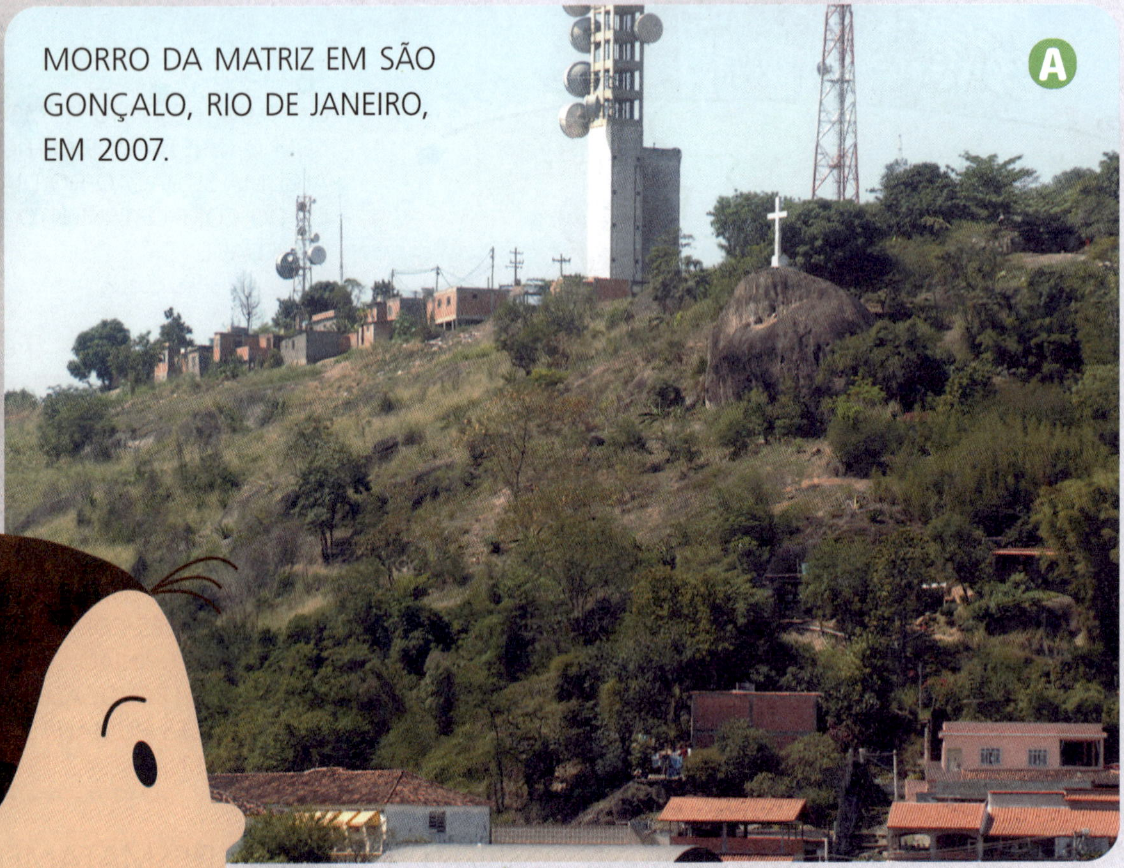

MORRO DA MATRIZ EM SÃO GONÇALO, RIO DE JANEIRO, EM 2007.

A

OS DANOS CAUSADOS PELO DESMATAMENTO SÃO GRANDES, MAS É POSSÍVEL RECUPERAR OS AMBIENTES DESMATADOS POR MEIO DO REFLORESTAMENTO.

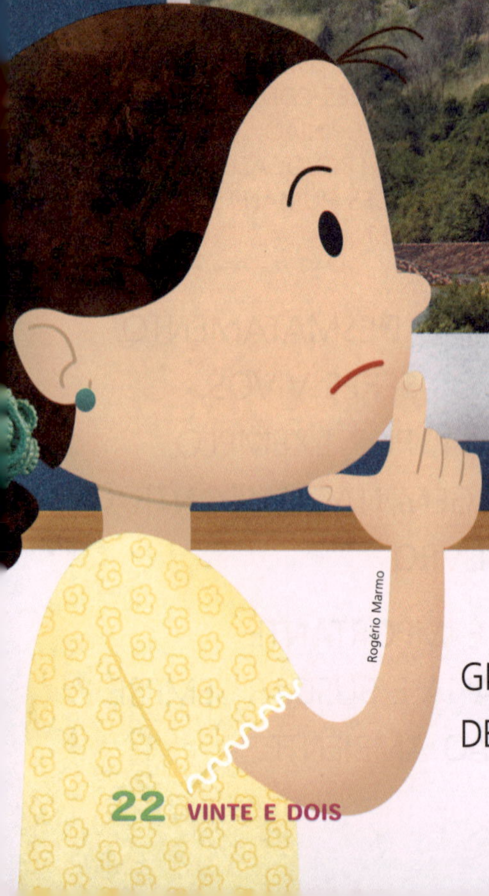

O REFLORESTAMENTO ENVOLVE O PLANTIO DE ÁRVORES E OUTRAS PLANTAS NATIVAS EM ÁREAS QUE FORAM DESMATADAS, A FIM DE RECUPERAR A VEGETAÇÃO DESSES AMBIENTES.

AGORA, VEJA NA IMAGEM **B** COMO FICOU O MORRO DA MATRIZ EM SÃO GONÇALO, APÓS O REFLORESTAMENTO.

ÁREA REFLORESTADA EM SÃO GONÇALO

MORRO DA MATRIZ EM SÃO GONÇALO, RIO DE JANEIRO, EM 2016.

A. O QUE LHE CHAMOU MAIS A ATENÇÃO NAS FOTOS DAS PÁGINAS **22** E **23**?

B. COMO O REFLORESTAMENTO PODE CONTRIBUIR PARA A CONSERVAÇÃO DO AMBIENTE E DOS SERES QUE VIVEM NELE?

PRATIQUE E APRENDA

1. NAS GRANDES CIDADES HÁ MUITAS RUAS, CASAS, PRÉDIOS, COMÉRCIOS E VEÍCULOS. NO ENTANTO, ALGUMAS CIDADES SE PREOCUPAM EM CONSERVAR A VEGETAÇÃO DE ALGUNS LOCAIS, CRIANDO PARQUES.

VISTA AÉREA DO PARQUE DO IBIRAPUERA, NA CIDADE DE SÃO PAULO, EM 2016.

A. PINTE DE VERDE OS QUADRINHOS COM ATITUDES QUE DEVEMOS TER PARA CONSERVAR OS PARQUES ECOLÓGICOS QUANDO OS VISITAMOS.

☐ JOGAR O LIXO PELO CAMINHO.

☐ NÃO DANIFICAR AS PLANTAS.

☐ CAMINHAR FORA DAS TRILHAS.

☐ NÃO ALIMENTAR OS ANIMAIS QUE EXISTEM NO PARQUE.

B. POR QUE NÃO DEVEMOS TER AS ATITUDES QUE VOCÊ CONSIDEROU INADEQUADAS NO ITEM **A**? CONVERSE COM OS COLEGAS SOBRE ESSE ASSUNTO.

2. LEIA A TIRA ABAIXO E RESPONDA ÀS QUESTÕES.

1 000 TIRAS EM QUADRINHOS, DE ANTONIO CEDRAZ. SALVADOR: EDITORA E ESTÚDIO CEDRAZ, 2009. P. 182. (A TURMA DO XAXADO).

A. O QUE VOCÊ PODE VER NO AMBIENTE REPRESENTADO NA TIRA?

_____

_____

B. CITE DUAS MUDANÇAS QUE OCORRERIAM NESSE AMBIENTE APÓS AS CONSTRUÇÕES SUGERIDAS POR ARTUR.

_____

_____

_____

_____

C. AS MUDANÇAS SUGERIDAS POR ARTUR IRIAM INTERFERIR NA VIDA DA VACA REPRESENTADA NO SEGUNDO QUADRO DA TIRA? JUSTIFIQUE SUA RESPOSTA.

_____

_____

_____

_____

3. VOCÊ SABIA QUE, AO ECONOMIZAR ENERGIA ELÉTRICA, VOCÊ ESTÁ CONTRIBUINDO PARA CONSERVAR OS AMBIENTES? PESQUISE NA INTERNET SOBRE ESSE ASSUNTO E ESCREVA UM TEXTO EM SEU CADERNO COM ESSAS INFORMAÇÕES. NÃO SE ESQUEÇA DE INSERIR A FONTE DO *SITE* EM QUE PESQUISOU.

PARA FAZER JUNTOS!

UM DOS PRIMEIROS PASSOS NO COMBATE AO DESMATAMENTO É MOSTRAR ÀS PESSOAS A IMPORTÂNCIA DE CONSERVAR A VEGETAÇÃO.

JUNTE-SE A TRÊS COLEGAS E ELABOREM UM CARTAZ SOBRE ESSE TEMA – COMBATE AO DESMATAMENTO. PARA ISSO, VOCÊS PODEM USAR FOTOS, DESENHOS, NOTÍCIAS E FRASES SOBRE O DESMATAMENTO E AS SUAS CONSEQUÊNCIAS.

NÃO DEIXEM DE APRESENTAR NO CARTAZ DE VOCÊS O QUE PODERÁ ACONTECER COM A VIDA NA TERRA SE O DESMATAMENTO CONTINUAR DA MANEIRA COMO OCORRE ATUALMENTE.

ORGANIZE, COM O PROFESSOR E OS COLEGAS DOS OUTROS GRUPOS, UMA EXPOSIÇÃO DESSES CARTAZES NO PÁTIO DA ESCOLA.

VAMOS NOS COMUNICAR

OS CARTAZES SÃO EXCELENTES RECURSOS PARA DIVULGAR INFORMAÇÕES. NELES, VOCÊ PODE INSERIR TEXTOS E IMAGENS, SEMPRE USANDO A CRIATIVIDADE, MAS APRESENTANDO INFORMAÇÕES CONFIÁVEIS.

EXEMPLO DE CARTAZ SOBRE O COMBATE AO DESMATAMENTO PRODUZIDO POR UMA CRIANÇA.

APRENDA MAIS!

OS SEM-FLORESTA

NESTA ANIMAÇÃO, UM GRUPO DE ANIMAIS ENCONTRA UMA ENORME CERCA AO REDOR DA FLORESTA EM QUE VIVEM. ISSO PORQUE FOI CONSTRUÍDA UMA CIDADE AO REDOR DA FLORESTA. UM DOS ANIMAIS CONVENCE OS DEMAIS A ATRAVESSAREM A CERCA. ESSE É O INÍCIO DE UMA GRANDE AVENTURA E MUITA CONFUSÃO.

OS SEM-FLORESTA. DIREÇÃO DE TIM JOHNSON E KAREY KIRKPATRICK. ESTADOS UNIDOS: DREAMWORKS, 2006. (95 MIN).

PONTO DE CHEGADA

1. OBSERVE O AMBIENTE EM QUE VOCÊ ESTÁ AGORA E DESCREVA O QUE VOCÊ VÊ, OUVE E OS CHEIROS QUE SENTE.

2. OLHE ATRAVÉS DA JANELA DA SALA DE AULA E IDENTIFIQUE DUAS CONSTRUÇÕES REALIZADAS PELO SER HUMANO NO AMBIENTE. EM SEGUIDA, COMENTE SOBRE A NECESSIDADE DO SER HUMANO QUE FOI ATENDIDA EM CADA UMA DELAS.

3. VOCÊ ACHA QUE O DESMATAMENTO E AS QUEIMADAS PODEM INTERFERIR NA VIDA DOS ANIMAIS QUE VIVEM NESSES AMBIENTES?

UNIDADE 2

COMPONENTES DO AMBIENTE: AR E ÁGUA

PEIXE-BOI-DA-AMAZÔNIA.

PONTO DE PARTIDA

1. O PEIXE-BOI-DA-AMAZÔNIA VIVE NA ÁGUA. POR QUE DE TEMPO EM TEMPO ESSE ANIMAL PRECISA SUBIR ATÉ A SUPERFÍCIE DA ÁGUA?

2. VOCÊ ACHA QUE OS OUTROS ANIMAIS QUE VIVEM NA ÁGUA RESPIRAM DE MANEIRA SEMELHANTE AO PEIXE-BOI-DA-AMAZÔNIA? CITE EXEMPLOS.

AR

OBSERVE A HISTÓRIA EM QUADRINHOS ABAIXO.

[...]

CEBOLINHA: UM VENTINHO À TOA, DE MAURICIO DE SOUSA. *CEBOLINHA*. SÃO PAULO, GLOBO, N. 189, P. 21, 2002.

1. O QUE ESTÁ MOVIMENTANDO AS FOLHAS E O CABELO DO CEBOLINHA?

O AR NÃO PODE SER VISTO, MAS PODEMOS SENTIR SUA PRESENÇA EM DIVERSAS SITUAÇÕES DE NOSSO COTIDIANO.

2. CITE UMA SITUAÇÃO DO SEU COTIDIANO NA QUAL VOCÊ PERCEBE A EXISTÊNCIA DO AR.

OBSERVE AO LADO UMA DAS BRINCADEIRAS PREFERIDAS DE LETÍCIA.

LETÍCIA FAZENDO BOLHAS DE SABÃO.

3. ONDE ESTAVA O AR QUE ENCHEU AS BOLHAS DE SABÃO FEITAS POR LETÍCIA?

O AR PODE SER ENCONTRADO EM DIFERENTES LOCAIS DO PLANETA TERRA, COMO NO INTERIOR DE OBJETOS, NA ÁGUA, NO SOLO, NAS PLANTAS, NO CORPO DOS SERES HUMANOS E DE OUTROS ANIMAIS.

O AR PARTICIPA DA NOSSA RESPIRAÇÃO. AO RESPIRARMOS, ENCHEMOS OS PULMÕES COM AR E LOGO O ELIMINAMOS NOVAMENTE PARA O AMBIENTE.

DURANTE A RESPIRAÇÃO, ABSORVEMOS O GÁS OXIGÊNIO PRESENTE NO AR E ELIMINAMOS O GÁS CARBÔNICO.

PESSOA RESPIRANDO.

IMAGENS SEM PROPORÇÃO ENTRE SI.

4. RETORNE À QUESTÃO **3** E VERIFIQUE SE VOCÊ PRECISA COMPLEMENTAR SUA RESPOSTA.

ASSIM COMO OS SERES HUMANOS, OUTROS SERES VIVOS TAMBÉM PRECISAM DE AR PARA RESPIRAR.

QUE CURIOSO!

O CORPO HUMANO CONSEGUE FICAR ALGUMAS SEMANAS SEM COMER, POUCOS DIAS SEM BEBER ÁGUA, MAS APENAS ALGUNS MINUTOS SEM RESPIRAR.

GESIEL RECORTOU ALGUMAS IMAGENS DE REVISTAS PARA FAZER UM TRABALHO DE CIÊNCIAS. OBSERVE CADA UMA DELAS A SEGUIR.

5. PARA AJUDAR GESIEL A COMPLETAR O TRABALHO DE CIÊNCIAS, ESCREVA NOS ESPAÇOS CORRESPONDENTES PARA QUE O AR ESTÁ SENDO UTILIZADO EM CADA SITUAÇÃO.

(IMAGENS SEM PROPORÇÃO ENTRE SI.)

COMO VOCÊ PODE PERCEBER, AO AJUDAR GESIEL COM A FINALIZAÇÃO DO TRABALHO, O SER HUMANO UTILIZA O AR EM DIVERSAS ATIVIDADES QUE REALIZA, COMO AS MOSTRADAS ACIMA.

> **QUE CURIOSO!**
>
> VOCÊ SABIA QUE O AR AJUDA A ESPALHAR AS SEMENTES DE ALGUMAS PLANTAS, COLABORANDO PARA A <u>REPRODUÇÃO</u> DELAS?
>
> OS FRUTOS DO DENTE-DE-LEÃO SÃO LEVADOS PELO VENTO A OUTROS LOCAIS. ESSES FRUTOS CARREGAM CONSIGO AS SEMENTES, QUE PODEM DAR ORIGEM A NOVAS PLANTAS.
>
>
>
> **DENTE-DE-LEÃO**: PODE ATINGIR CERCA DE 50 CENTÍMETROS DE ALTURA.
>
> FRUTOS DO DENTE-DE-LEÃO SENDO LEVADOS PELO VENTO.

PRATIQUE E APRENDA

1. MÁRCIO MERGULHOU E PRESSIONOU UMA ESPONJA LIMPA EM UM BALDE COM ÁGUA. ELE PERCEBEU QUE SAÍRAM DIVERSAS BOLHAS DA ESPONJA. POR QUE ISSO ACONTECEU?

MÁRCIO MERGULHANDO UMA ESPONJA EM UM BALDE COM ÁGUA.

2. PINTE OS ESPAÇOS COM UM PONTO (•) E DESCUBRA UM OBJETO.

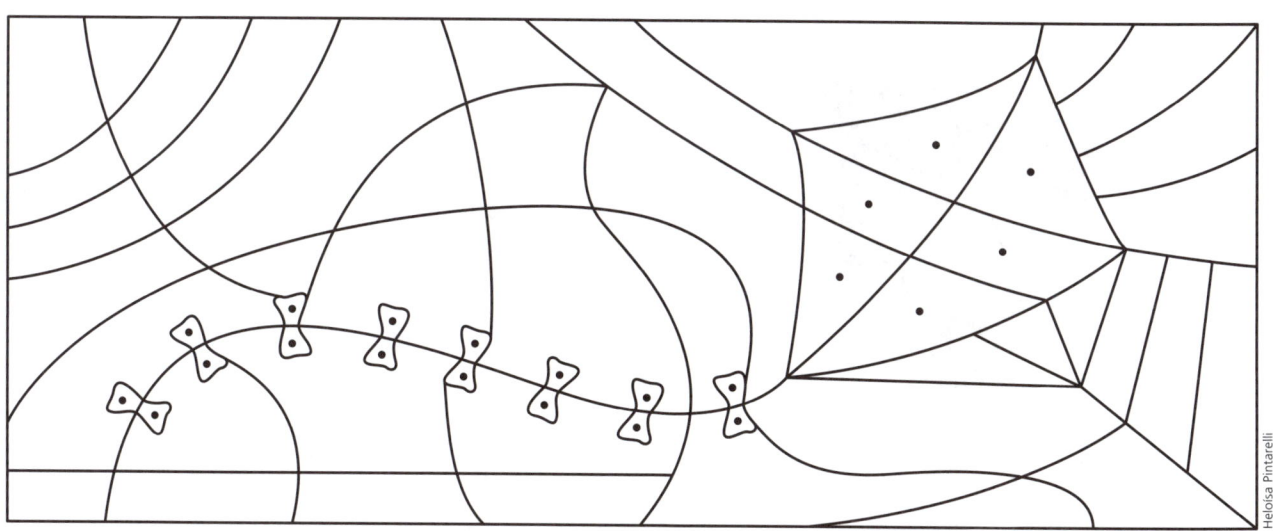

A. COMO SE CHAMA O OBJETO QUE VOCÊ DESCOBRIU NA IMAGEM?

_____

B. QUAL COMPONENTE DO AMBIENTE É NECESSÁRIO PARA BRINCAR COM ESSE OBJETO, MANTENDO-O SUSPENSO?

_____

C. CITE CUIDADOS QUE DEVEMOS TER AO BRINCAR COM ESSE OBJETO. CONVERSE COM OS COLEGAS SOBRE ESSE ASSUNTO.

3. JUNTE AS LETRAS COM FUNDO AZUL E DESCUBRA O NOME DE UM EQUIPAMENTO QUE UTILIZA O AR PARA REALIZAR ATIVIDADES, COMO MOER CEREAIS E <u>DRENAR</u> ÁGUA.

_____

TRINTA E TRÊS **33**

INVESTIGUE E APRENDA

EXISTE AR EM UMA GARRAFA VAZIA? COMO PODEMOS VERIFICAR ISSO?

VOU PRECISAR DE:

- BALÃO DE FESTA;
- GARRAFA PLÁSTICA TRANSPARENTE DE 2 LITROS;
- BALDE COM ÁGUA;
- TESOURA COM PONTAS ARREDONDADAS.

A PEÇA A UM ADULTO QUE CORTE O FUNDO DA GARRAFA UTILIZANDO A TESOURA.

B ENCAIXE O BALÃO DE FESTA NA BOCA DA GARRAFA.

C MERGULHE A GARRAFA NA ÁGUA DO BALDE, DE FORMA QUE O BALÃO FIQUE VOLTADO PARA CIMA. OBSERVE O QUE ACONTECE.

RELATANDO O QUE OBSERVEI

1. O QUE ACONTECEU COM O BALÃO QUANDO VOCÊ MERGULHOU O FUNDO DA GARRAFA NA ÁGUA DO BALDE?

2. O QUE FEZ COM QUE ISSO ACONTECESSE?

3. A ÁGUA ENTROU NA GARRAFA? POR QUE VOCÊ ACHA QUE ISSO ACONTECEU?

4. SE O BALÃO TIVESSE UM FURO, O QUE VOCÊ ACHA QUE ACONTECERIA?

IMAGEM REFERENTE À ETAPA **B**.

IMAGEM REFERENTE À ETAPA **C**.

5. CONVERSE COM UM COLEGA E VERIFIQUE SE ELE OBTEVE RESULTADOS SEMELHANTES AOS QUE VOCÊ OBTEVE.

6. CONVERSE COM O MESMO COLEGA SOBRE O QUE VOCÊS PODEM CONCLUIR COM ESSE EXPERIMENTO. EM SEGUIDA, RETORNEM À QUESTÃO DO INÍCIO DA PÁGINA ANTERIOR E A RESPONDAM OUTRA VEZ.

VAMOS PERSISTIR

MUITAS VEZES, PODEMOS TER DIFICULDADES AO REALIZAR UMA ATIVIDADE. O IMPORTANTE É NÃO DESISTIR E PROCURAR UMA SOLUÇÃO PARA O PROBLEMA. O QUE VOCÊ FAZ NESSAS SITUAÇÕES?

ÁGUA

CLÁUDIO E LORENA PRODUZIRAM UM MURAL PARA A AULA DE CIÊNCIAS. VEJA COMO ELE FICOU.

ÁGUA NO PLANETA TERRA

A
B
C
D

1. QUAL É O TEMA DO MURAL FEITO POR CLÁUDIO E LORENA?

2. ONDE VOCÊ OBSERVA A PRESENÇA DE ÁGUA NOS AMBIENTES RETRATADOS ACIMA?

3. NO MUNICÍPIO ONDE VOCÊ MORA, EXISTE ALGUM LOCAL SEMELHANTE AOS RETRATADOS ACIMA? EM CASO AFIRMATIVO, COMENTE COM OS COLEGAS.

A MAIOR PARTE DA SUPERFÍCIE TERRESTRE É COBERTA POR ÁGUA.

SE A SUPERFÍCIE DA TERRA FOSSE DIVIDIDA EM 100 PARTES IGUAIS, APROXIMADAMENTE 70 DELAS SERIAM COBERTAS POR ÁGUA.

4. PARA FACILITAR A SUA COMPREENSÃO, PINTE DE **AZUL** 70 QUADRINHOS E 30 QUADRINHOS DE **VERMELHO**.

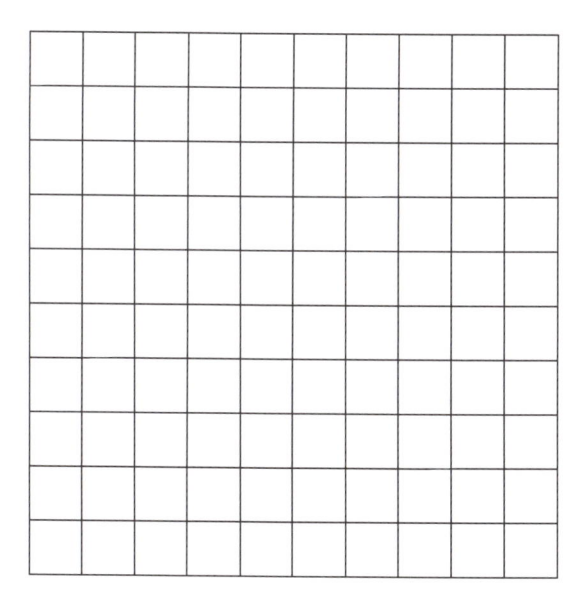

5. NO AMBIENTE RETRATADO NA FOTO A SEGUIR, ALÉM DA ÁGUA DO RIO, ONDE MAIS HÁ ÁGUA?

RIO SÃO FRANCISCO EM PIRAPORA, MINAS GERAIS, EM 2015.

A ÁGUA PODE SER ENCONTRADA EM DIFERENTES LOCAIS DO AMBIENTE, COMO EM RIOS, NO AR, NAS PLANTAS, NOS ANIMAIS, NAS NUVENS E NO SOLO.

A ÁGUA É UM COMPONENTE DO AMBIENTE ESSENCIAL PARA A VIDA NA TERRA. AS PLANTAS E OS ANIMAIS PRECISAM DE ÁGUA PARA VIVER. ALÉM DISSO, ALGUNS ANIMAIS E PLANTAS VIVEM E TAMBÉM SE REPRODUZEM NA ÁGUA.

POR DENTRO DO TEMA

EDUCAÇÃO AMBIENTAL

POLUIÇÃO DA ÁGUA

LEIA A MANCHETE ABAIXO.

> **MORADORES DENUNCIAM DESCARTE IRREGULAR DE ESGOTO EM CÓRREGO DE COSMÓPOLIS**
>
> MORADORES DENUNCIAM DESCARTE IRREGULAR DE ESGOTO EM CÓRREGO DE COSMÓPOLIS. *G1*, SÃO PAULO, 10 OUT. 2017. DISPONÍVEL EM: <https://g1.globo.com/sp/piracicaba-regiao/noticia/moradores-denunciam-descarte-irregular-de-esgoto-em-corrego-de-cosmopolis-mg.ghtml>. ACESSO EM: 8 DEZ. 2017.

MANCHETES COMO ESSA MOSTRAM QUE ALGUMAS ATIVIDADES REALIZADAS PELO SER HUMANO PRODUZEM MATERIAIS QUE PODEM PREJUDICAR OS AMBIENTES E OS SERES VIVOS QUE VIVEM NELE.

QUANDO ESSES MATERIAIS SÃO DESCARTADOS IRREGULARMENTE NO AMBIENTE, ELES PODEM POLUIR A ÁGUA. A ÁGUA POLUÍDA SE TORNA INADEQUADA AO CONSUMO HUMANO E PODE PREJUDICAR OS ANIMAIS E AS PLANTAS QUE VIVEM NELA OU QUE A UTILIZAM DE ALGUMA FORMA.

É DEVER DE CADA CIDADÃO SER RESPONSÁVEL SOBRE SUAS ATITUDES E CUIDAR DOS RECURSOS DA NATUREZA.

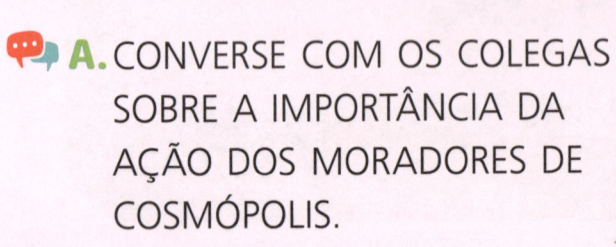

A. CONVERSE COM OS COLEGAS SOBRE A IMPORTÂNCIA DA AÇÃO DOS MORADORES DE COSMÓPOLIS.

B. O QUE PODE SER FEITO PARA EVITAR ESSE TIPO DE POLUIÇÃO?

ESGOTO DESPEJADO DIRETAMENTE EM UM RIO, EM SÃO JOSÉ DOS CAMPOS, SÃO PAULO, EM 2016.

Lucas Lacaz Ruiz/Folhapress

PRATIQUE E APRENDA

1. OBSERVE A IMAGEM AO LADO E ESCREVA UMA FRASE SOBRE ELA.

_____

_____

_____

2. É MUITO IMPORTANTE LAVARMOS BEM E COM ÁGUA LIMPA AS FRUTAS E VERDURAS ANTES DE COMERMOS.

PESSOA LAVANDO ESPINAFRE.

A. ESCREVA DUAS OUTRAS ATIVIDADES QUE REALIZAMOS EM NOSSO COTIDIANO EM QUE UTILIZAMOS A ÁGUA.

_____

_____

B. DE ONDE VEM A ÁGUA QUE VOCÊ UTILIZA EM SUA RESIDÊNCIA? CONVERSE COM UM COLEGA SOBRE ISSO.

3. OBSERVE ABAIXO A TELA DO PINTOR FRANCÊS RENOIR (1841-1919).

BARCOS NO RIO SENA, DE PIERRE-AUGUSTE RENOIR, ÓLEO SOBRE TELA, 47 CM X 64 CM. 1869.

A. ESCREVA NOS QUADRINHOS **V** PARA AS SENTENÇAS VERDADEIRAS E **F** PARA AS SENTENÇAS FALSAS.

- NO AMBIENTE REPRESENTADO NA TELA, HÁ ÁGUA SOMENTE NO RIO. ◯

- NA TELA, FOI REPRESENTADO UM AMBIENTE AQUÁTICO E UM AMBIENTE TERRESTRE. ◯

- NA TELA, FOI REPRESENTADA A UTILIZAÇÃO DO RIO PARA LOCOMOÇÃO DO SER HUMANO. ◯

B. CONVERSE COM UM COLEGA SOBRE COMO VOCÊ SE SENTE TENDO A OPORTUNIDADE DE APRECIAR ESSA OBRA DE ARTE.

PONTO DE CHEGADA

1. JUNTE-SE A UM COLEGA E CITEM PELO MENOS TRÊS ATIVIDADES QUE VOCÊS REALIZAM DIARIAMENTE E QUE UTILIZAM ÁGUA. AGORA, CONVERSEM SOBRE COMO SERIA REALIZAR ESSAS ATIVIDADES, SE NÃO EXISTISSE ÁGUA.

2. CONVERSE COM UM COLEGA SOBRE A IMPORTÂNCIA DO AR E DA ÁGUA PARA SUAS VIDAS.

unidade 3
Componentes do ambiente: solo, luz solar e seres vivos

Forno solar.

Ponto de partida

1. Você já viu um forno como o dessa foto? Em caso afirmativo, o que você sabe sobre esse equipamento?
2. Em sua opinião, o que possibilita o aquecimento desse forno para cozinhar os alimentos?
3. Em sua opinião, o que acontece com a luz solar quando ela atinge a parte espelhada do forno?

Solo

Silvia e seus colegas moram em chácaras, uma próxima à outra. Sempre que possível, eles se reúnem para brincar ao ar livre.

1. Onde o gramado desse local está fixado?

Ao responder à questão anterior, provavelmente você citou o solo. O solo também é chamado popularmente chão ou terra. Ele é um componente do ambiente muito importante para os seres vivos, como as plantas e os animais. Veja a seguir.

Representações sem proporção de tamanho. Cores-fantasia.

No solo, muitos animais se locomovem, como o cavalo, o cachorro e o ser humano.

Silvia e seus amigos brincando.

Alguns animais, como o tatupeba, constroem seus abrigos no solo.

Tatupeba: pode atingir cerca de 1 metro de comprimento.

Tatupeba em sua toca.

Raízes de grama no solo em corte.

É no solo que muitas plantas se desenvolvem e fixam suas raízes, como as árvores e a grama.

É também sobre o solo que o ser humano faz construções, cultiva plantas, cria animais e realiza muitas outras atividades.

Pessoa cultivando plantas no solo.

Pratique e aprenda

1. Substitua os números pelas letras correspondentes e descubra o nome de alguns seres vivos.

1	2	3	4	5	6	7	8	9	10	11	12	13
A	C	E	I	M	O	P	Q	R	S	T	U	V

A

Planta adulta: pode atingir cerca de 5 metros de altura.

8	12	1	9	3	10	5	3	4	9	1

B

Animal adulto: pode atingir cerca de 1 metro de comprimento.

2	1	7	4	13	1	9	1

C

Animal adulto: pode atingir cerca de 17 centímetros de comprimento.

11	6	12	7	3	4	9	1

- As sentenças a seguir apresentam a importância do solo para cada um dos seres vivos mostrados nas fotos acima. Escreva em cada quadrinho a letra da foto correspondente.

○ Construir abrigo e obter alimentos.

○ Locomover-se e obter alimentos.

○ Fixar as raízes e absorver água e outras substâncias.

Quarenta e três **43**

Luz solar

O Sol nos fornece dois componentes do ambiente essenciais à vida na Terra: luz e calor. É sobre eles que vamos estudar neste tópico.

Para fazer juntos!

Representação sem proporção de tamanho. Cores-fantasia.

Junte-se a quatro colegas e realizem a atividade a seguir.

1. Encham dois copos com, aproximadamente, a mesma quantidade de água.

2. Coloquem um dos copos com água dentro da sala de aula, e o outro em um local do pátio da escola que receba luz solar diretamente.

3. No final da aula, recolham o copo que vocês deixaram no pátio da escola. Toquem na água do copo que ficou no pátio com uma de suas mãos e, em seguida, com a outra, toquem na água do copo que ficou dentro da sala de aula. O que vocês perceberam?

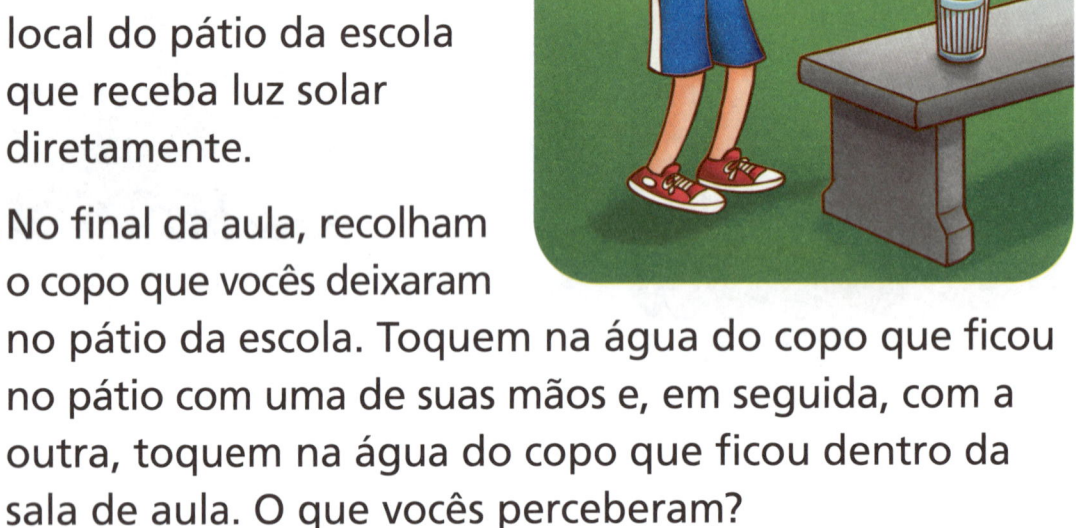

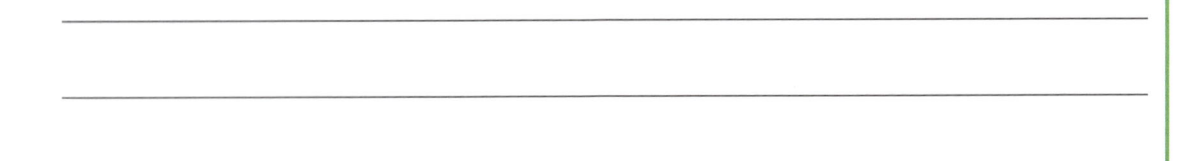

_____
_____
_____

O Sol nos fornece a luz solar, outro componente do ambiente essencial para a vida na Terra.

Além de iluminar os ambientes, quando a luz solar atinge o planeta, ela aquece a superfície terrestre. Isso contribui para manter a temperatura adequada para a existência de vida na Terra.

Agora, observe a situação a seguir.

Representação sem proporção de tamanho. Cores-fantasia.

Roberta e seu pai foram à praia por volta das 16h30min.

PAPAI, POR QUE A AREIA ESTÁ TÃO QUENTE?

1. Como você responderia à pergunta de Roberta?

A luz solar também aquece os materiais presentes na superfície terrestre. Foi isso que ocorreu com a areia da praia na situação acima e com a água na atividade que você realizou na seção **Para fazer juntos!**, da página anterior.

2. Devemos evitar andar descalços nos ambientes. Além de evitar queimaduras nos pés, nos protegemos contra algumas doenças. Cite uma delas.

Quarenta e cinco **45**

Na situação mostrada na página **41**, a superfície do forno, por ser lisa e polida, reflete a maior parte da luz solar, fazendo com que ela incida na panela. Isso ocorre porque, dependendo das características da superfície do material, ele pode absorver mais ou menos luz.

A cor da superfície é uma dessas características. Superfícies de cores mais escuras tendem a absorver mais luz solar do que as de cores claras. Por isso, é recomendado usar roupas claras em dias ensolarados, quando vamos nos expor à luz solar. Além disso, não podemos nos esquecer de usar protetor solar e evitar a luz solar entre as 10 horas e 16 horas.

Representação sem proporção de tamanho. Cores-fantasia.

Roupas de cores claras, como o chapéu de Roberta e o boné de seu pai, absorvem menos luz do que roupas de cores escuras.

Roberta e seu pai na praia.

3. Você tem esses cuidados quando se expõe à luz solar? Caso não tenha, quais hábitos você precisa passar a ter?

Que curioso!

A temperatura do corpo dos jacarés varia de acordo com a temperatura do ambiente onde eles estão. Para aquecer seu corpo, eles ficam expostos à luz solar.

Jacaré-do-pantanal: pode atingir cerca de 3 metros de comprimento.

Jacarés-do-pantanal expostos à luz solar em Poconé, Mato Grosso, em 2015.

Por dentro do tema

Ciência e tecnologia

Energia solar

Representação sem proporção de tamanho. Cores-fantasia.

Utilizamos energia elétrica em diversas atividades do cotidiano. Para atender o consumo de energia elétrica da população brasileira, são construídas diversos tipos de usinas elétricas, como as hidrelétricas e as termoelétricas. Essas usinas, geralmente, causam prejuízos aos ambientes. As termelétricas, por exemplo, contribuem para a poluição do ar, já as hidrelétricas, provocam o alagamento de grandes áreas.

No entanto, é possível garantir a geração de energia elétrica sem causar tantos danos aos ambientes, utilizando a energia solar, por exemplo.

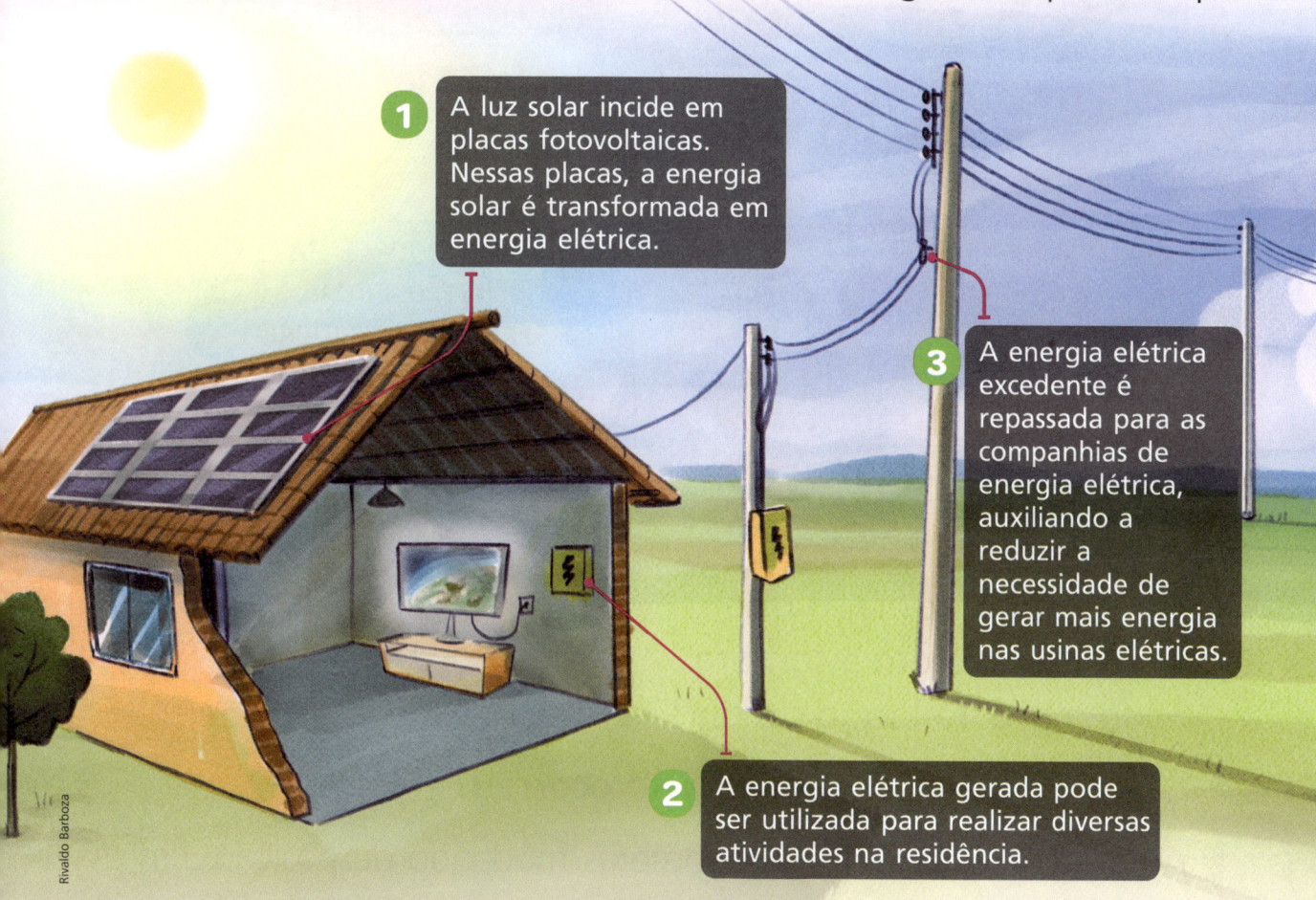

1 A luz solar incide em placas fotovoltaicas. Nessas placas, a energia solar é transformada em energia elétrica.

2 A energia elétrica gerada pode ser utilizada para realizar diversas atividades na residência.

3 A energia elétrica excedente é repassada para as companhias de energia elétrica, auxiliando a reduzir a necessidade de gerar mais energia nas usinas elétricas.

Rivaldo Barboza

a. Como a geração de energia elétrica nas residências pode auxiliar a reduzir os danos ao meio ambiente?

b. O uso da energia solar contribui para a conservação do ambiente? Por quê?

Agora, observe as cenas a seguir.

Representações sem proporção de tamanho. Cores-fantasia.

8:30

VOU ESTENDER AS ROUPAS PARA APROVEITAR O SOL DA MANHÃ, PORQUE À TARDE O MURO FAZ SOMBRA NO VARAL.

12:00

16:30

AS ROUPAS JÁ ESTÃO SECAS, PAPAI. VOU AJUDAR A RECOLHER!

Ilustrações: Flavio Pereira

4. Nas cenas acima, o que aconteceu com a sombra do muro ao longo do dia?

Vamos analisar

Ao analisar situações relacionadas aos fenômenos naturais, usamos o que aprendemos para formular hipóteses e explicações, desenvolvendo assim o pensamento científico.

5. Em sua opinião, por que isso ocorreu?

Ao longo do dia, vemos as sombras mudando de posição. Em geral, associamos essa mudança ao movimento aparente do Sol no céu.

No entanto, não é o Sol que se move, mas sim a Terra que gira em torno de si mesma. Este movimento da Terra faz com que observemos o Sol em diferentes posições no céu ao longo do dia.

Pratique e aprenda

1. Em uma revista, havia a seguinte dica para economizar energia elétrica:

> "MANTENHA AS JANELAS E AS CORTINAS ABERTAS DURANTE O DIA"

- Por que essa dica ajuda a economizar energia elétrica?

_____

_____

2. Carlos deixou uma caixa de papelão sobre um gramado por 10 dias. Após esse período, ele retirou a caixa. Veja ao lado o que aconteceu.

Carlos removendo a caixa de papelão que estava sobre o gramado.

Representação sem proporção de tamanho. Cores-fantasia.

- Marque um **X** nas sentenças que apresentam informações verdadeiras sobre essa situação.

○ A grama que ficou embaixo da caixa de papelão não recebeu luz solar diretamente.

○ A grama que ficou embaixo da caixa de papelão se desenvolveu normalmente, como as que não estavam sob a caixa.

○ Na ausência de incidência direta de luz solar, a grama não se desenvolveu adequadamente.

○ A ausência de luz solar não influenciou no desenvolvimento da grama.

3. Joseli ganhou um vaso contendo uma planta chamada girassol. Ela deixou a planta no interior de sua casa, em um local que não recebia luz solar diretamente.

Representação sem proporção de tamanho. Cores-fantasia.

Girassol: pode atingir cerca de 2 metros de altura.

Girassol de Joseli.

- Você acha que o local escolhido por Joseli é adequado para essa planta se desenvolver? Por quê?

_____

_____

_____

4. A luz solar também pode ser utilizada para aquecer água nas residências, por meio de aquecedores solares.

As placas dos aquecedores solares, geralmente, são instaladas no telhado das casas.

Aquecedor solar instalado em uma casa.

Vamos conservar

Ao refletir sobre os benefícios dos aquecedores solares, você está argumentando e defendendo ideias que promovem a consciência ambiental e o consumo responsável.

a. Sabendo que o chuveiro elétrico é um dos equipamentos que mais consome energia elétrica em uma residência, cite os benefícios de se utilizar aquecedores solares.

_____

_____

b. Converse com os colegas sobre por que os aquecedores solares, geralmente, são instalados nos telhados das residências.

5. Vitor e Daniela realizaram uma atividade no pátio da escola. Veja.

ÀS 8 HORAS, DANIELA SE POSICIONOU EM UM LOCAL ONDE ELA RECEBIA LUZ SOLAR DIRETAMENTE E VITOR CONTORNOU COM UM GIZ SUA SOMBRA. ELES FICARAM EXPOSTOS AO SOL SOMENTE O TEMPO NECESSÁRIO PARA FAZER O CONTORNO DA SOMBRA.

Representações sem proporção de tamanho. Cores-fantasia.

ÀS 17 HORAS, DANIELA E VITOR RETORNARAM AO PÁTIO, NO MESMO LOCAL, E OBSERVARAM A DIFERENÇA DA POSIÇÃO DA SOMBRA CONTORNADA.

a. Como você explica a diferença na posição da sombra?

_____

_____

b. Qual é a fonte de luz que auxiliou na formação da sombra de Daniela?

_____

c. Marque um **X** na explicação mais adequada de como se formou a sombra de Daniela.

◯ O corpo de Daniela impediu que a luz solar o atravessasse, criando uma região na qual a luz solar não atingiu o chão diretamente.

◯ A luz solar atravessou o corpo de Daniela e atingiu o chão, formando a sombra do corpo dela.

Investigue e aprenda

O QUE ACONTECE QUANDO DEIXAMOS UM OBJETO OPACO EM UM LOCAL QUE RECEBE LUZ SOLAR DIRETAMENTE?

Dica Essa atividade deve ser realizada em um dia ensolarado.

Vou precisar de:
- 2 bolas plásticas semelhantes;
- lápis;
- 2 pedaços de papel;
- fita adesiva.

A Escreva a letra **A** em um dos papéis e a letra **B** no outro.

B Com a fita adesiva, cole cada papel em uma bola.

C Coloque a bola **A** em um local que receba luz solar diretamente durante toda a atividade.

Imagem referente à etapa **C**.

D Coloque a bola **B** em um local que não recebe luz solar diretamente, como dentro da sala de aula.

Imagem referente à etapa **D**.

E Espere aproximadamente 30 minutos.

F Recolha a bola que estava no local que recebeu luz solar diretamente e coloque-a ao lado da outra bola.

G Toque cada uma das bolas, uma de cada vez, e verifique o que aconteceu em cada uma delas.

Imagem referente às etapas **F** e **G**.

Relatando o que observei

1. Qual das bolas ficou com temperatura maior?

   ◯ BOLA **A**.   ◯ BOLA **B**.

2. Qual o principal componente do ambiente responsável por aquecer a bola?

   ◯ AR.   ◯ ÁGUA.   ◯ SOLO.   ◯ LUZ SOLAR.

3. Retorne à questão inicial desta seção e relacione o que você observou nessa atividade à sua resposta. Se necessário, altere ou complemente sua resposta.

Seres vivos

A tela abaixo, do pintor Neri Andrade, retrata a chegada de pescadores a uma vila após a pescaria.

Santo Antônio de Lisboa, de Neri Andrade. Óleo sobre tela, 120 cm x 60 cm. 2012.

1. Comente com o professor e os colegas o que você observa nessa imagem.

2. Agora, escreva no quadro abaixo as palavras que o professor anotou na lousa, separando-as em dois grupos.

O QUE É SER VIVO.

_____
_____
_____

O QUE NÃO É SER VIVO.

_____
_____
_____

54 Cinquenta e quatro

Além dos componentes que você estudou até agora, como o ar, a água, o solo e a luz solar, também podemos encontrar seres vivos nos ambientes, como os animais, as plantas e seres bastante pequenos que não podemos enxergar a olho nu.

Mas quais são as principais diferenças entre os seres vivos e os outros componentes do ambiente?

Imagine um cachorro: ele nasce, cresce, se desenvolve, pode se reproduzir e, após alguns anos, morre. Essas são algumas das características dos seres vivos.

Veja o que aconteceu com Dengo, o cachorro de Cíntia.

Representações sem proporção de tamanho. Cores-fantasia.

Dengo com dois meses.   Dengo com sete meses.   Dengo com dois anos.

Ilustrações: Edson Farias

Além disso, os seres vivos conseguem perceber as características do ambiente e reagir de acordo com suas necessidades, como procurar sombra quando está muito calor.

As plantas, o ser humano e outros animais e alguns seres microscópicos são exemplos de seres vivos.

3. Nas imagens acima, existe algum componente não vivo? Qual?

Pratique e aprenda

1. Destaque os **adesivos** da página **169** e cole os que apresentam seres vivos no quadro vermelho e os que apresentam seres não vivos no quadro azul.

Imagens sem proporção entre si.

2. Pense no ambiente de sua casa e escreva o nome de três seres vivos e de três componentes não vivos que existem nele.

_____

_____

3. Observe as fotos abaixo e circule o "intruso". Para isso, encontre a foto que não mostra um ser vivo.

Imagens sem proporção entre si.

A Arara.

B Bem-te-vi.

C Mangueira.

D Boneca.

4. As plantas também são seres vivos e, por isso, nascem (1), crescem (2), podem se reproduzir (3) e morrem (4). Identifique a qual dessas etapas se refere a imagem ao lado. Para isso, escreva o número correspondente.

Ponto de chegada

1. Faça um desenho no caderno representando como você acha que seria a vida na Terra se não houvesse a luz solar.

2. Observe um ambiente de sua escola e identifique os componentes vivos e não vivos desse ambiente. Em seguida, identifique o tipo de relação que os seres vivos estabelecem uns com os outros, com o solo e com a luz solar.

Cinquenta e sete **57**

unidade 4
Estudando as plantas

Ponto de partida

1. Essa foto é de uma planta ou de um animal?

2. Observe novamente a foto e cite elementos que o levaram à conclusão da questão **1**.

3. Cite o nome de três plantas que você conhece e algumas de suas características.

Observando as plantas

1. Observe algumas plantas do pátio da escola. Escolha duas delas e as desenhe em uma folha de papel sulfite.

2. Compare as duas plantas que você desenhou no item anterior. Essas plantas são iguais?

Ao realizar a atividade anterior, você observou que as plantas podem ser diferentes umas das outras. As plantas apresentam diferentes cores, tamanhos e formatos.

3. Leia a descrição de três plantas e as identifique nas fotos. Para isso, escreva nos quadros as letras correspondentes.

A
A **ARAUCÁRIA** É UMA ÁRVORE QUE PODE ATINGIR DE 10 A 35 METROS DE ALTURA.

B
A **AZALEIA** É UM ARBUSTO QUE APRESENTA FLORES COLORIDAS. ELA PODE ATINGIR CERCA DE 2 METROS DE ALTURA.

C
A **GRAMA** É UMA PLANTA RASTEIRA QUE CRESCE COBRINDO O SOLO. ELA PODE ATINGIR DE 15 A 20 CENTÍMETROS DE ALTURA.

Imagens sem proporção entre si.

4. Observe as plantas a seguir e identifique o local em que elas podem ser encontradas no ambiente do Pantanal. Para isso, escreva a letra da planta no local adequado da paisagem.

A

O **ipê** é uma planta que pode ser encontrada fixa no solo.

B

A **orquídea** é uma planta que pode ser encontrada fixa em outras plantas.

C

O **aguapé** é uma planta que vive na água.

Ipê: pode atingir cerca de 30 metros de altura.
Orquídea: pode atingir cerca de 30 centímetros de altura.
Aguapé: pode atingir cerca de 1 metro de altura.

Pantanal, em Poconé, Mato Grosso, em 2014.

Como você pode perceber, as plantas podem ser encontradas sobre o solo, na água ou até mesmo sobre outras plantas.

Lenda da vitória-régia

A lenda indígena a seguir é sobre o surgimento de uma planta, a vitória-régia.

Conta a lenda que uma linda indígena apaixonada lançou-se nas águas misteriosas de um rio, na esperança de virar uma estrela.

Jaci, a deusa da lua que presenciou o ocorrido, ficou com piedade da moça e quis torná-la inesquecível. Para isso, transformou a linda indígena em uma planta chamada vitória-régia (estrela das águas).

As folhas dessa planta têm um formato que reflete a luz da Lua em noites de lua cheia.

Fonte de pesquisa: Lenda da vitória-régia. Disponível em: <www.ufmg.br/cienciaparatodos/wp-content/uploads/2012/06/leituraparatodos/Textos-Leitura-Etapa-3-e-4/e34_60-lendadavitoriaregia.pdf>. Acesso em: 6 out. 2017.

Representações sem proporção de tamanho. Cores-fantasia.

Vamos valorizar

Conhecer e apreciar manifestações culturais nos ajuda a valorizar a cultura dos diferentes povos.

a. O que essa lenda explica?

b. Circule na imagem a planta vitória-régia.

c. Na sua família existe alguma informação ou costume que é passado de geração em geração? Conte aos colegas.

Ciclo de vida das plantas

Observe a história em quadrinhos abaixo.

Cebolinha, de Mauricio de Sousa. *O Estado de S. Paulo*, São Paulo, 29 nov. 2003. Estadinho, p. 8.

💬 **5.** O que aconteceu nessa história em quadrinhos?

💬 **6.** Observe a planta no primeiro quadro e no último. O que ocorreu com ela?

Assim como nessa história em quadrinhos, as plantas nascem, crescem e se desenvolvem. Além disso, as plantas podem produzir flores, frutos e sementes, que participam de sua reprodução. Com o passar do tempo, as plantas morrem. Essas são algumas das etapas do **ciclo de vida** de uma planta.

7. Destaque os **adesivos** das páginas **169** e **171** e cole-os nos espaços abaixo de acordo com a sequência de acontecimentos na vida de uma planta.

Representações sem proporção de tamanho. Cores-fantasia.

❶

❷

❸

❹

Ilustrações: Gustavo Machado

- Agora, escreva o número correspondente ao nome de cada etapa do ciclo de vida da laranjeira mostrada acima.

  ◯ Desenvolvimento. ◯ Morte.

  ◯ Nascimento. ◯ Reprodução.

Sessenta e três 63

Por dentro do tema

Educação ambiental

As árvores e as cidades

A construção de edifícios, casas, *shoppings*, escolas, hospitais, avenidas, entre outras, é importante para o bem-estar das pessoas que vivem nas cidades. Mas é essencial que as árvores também façam parte desses locais. A população pode contribuir com a **arborização** da cidade, plantando novas árvores. Para isso, devemos nos informar com a Secretaria do Meio Ambiente sobre qual é a árvore adequada para ser plantada na região onde moramos.

arborização: ato de plantar árvores em determinado local

Representações sem proporção de tamanho. Cores-fantasia.

As árvores proporcionam sombra, melhoram a qualidade do ar que respiramos e favorecem o escoamento da água da chuva, diminuindo o risco de enchentes e alagamentos.

Elas também tornam as cidades mais bonitas e coloridas.

Observe o cartum abaixo.

Desmatamento, de Arionauro da Silva Santos. *Arionauro cartuns*. Disponível em: <www.arionaurocartuns.com.br/search/label/desmatamento>. Acesso em: 11 dez. 2017.

a. O que aconteceu com as plantas que existiam no local mostrado no cartum?

b. Comente sobre a importância das árvores nas cidades.

c. Há árvores no quintal ou na frente de sua casa?

Quando uma árvore está morta e com risco de queda, devemos informar a prefeitura ou a Secretaria do Meio Ambiente para que seja feita a retirada adequada da árvore. O corte de árvores sem a autorização da Secretaria do Meio Ambiente é ilegal.

Pratique e aprenda

1. Leia as dicas e escreva o nome da planta que aparece na foto.

Planta adulta: pode atingir cerca de 80 centímetros de altura.

Sou alaranjada e tenho as folhas verdes. Grande parte de mim fica embaixo da terra. Na salada, minha raiz é muito apreciada.

Meu nome tem 7 letras. Quem sou eu?

_____

2. Trace o caminho que passa pela sequência correta, em ordem crescente, do ciclo de vida de uma planta.

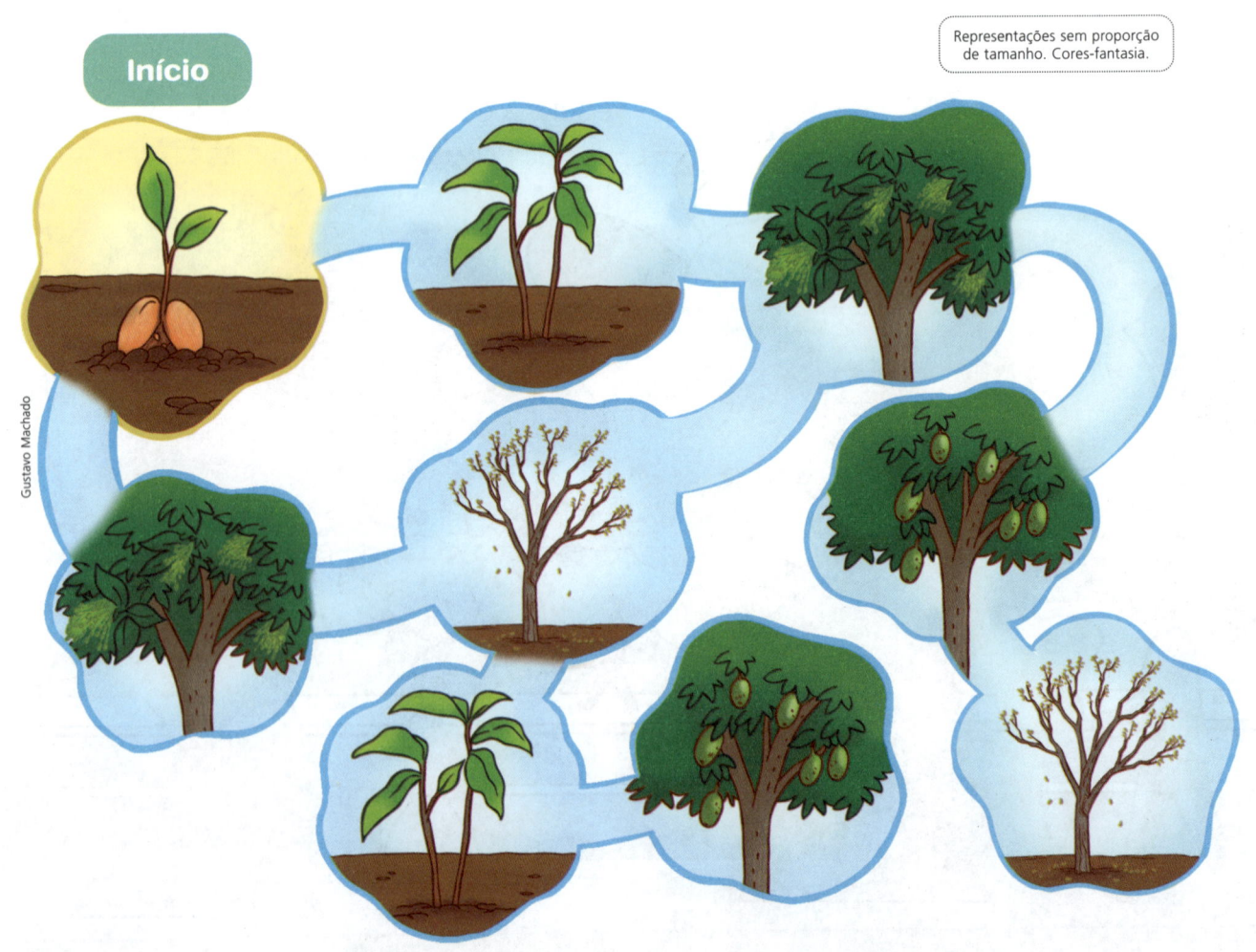

Início

Representações sem proporção de tamanho. Cores-fantasia.

As plantas e suas partes

No município de Oriximiná, no estado do Pará, existem diversas comunidades quilombolas. Essas comunidades obtêm parte de seu sustento da floresta. Entre as diversas plantas que existem em Oriximiná, a castanheira apresenta grande importância para as comunidades quilombolas da região.

Imagem sem proporção de tamanho.

As castanhas são as sementes da castanheira. Elas servem de alimento às pessoas da comunidade quilombola e são comercializadas.

As castanhas também servem de alimento para outros animais da região, como a cutia e a anta.

Quilombola carregando um paneiro.

paneiro: cesto utilizado para carregar as castanhas

Embora sejam diferentes umas das outras, algumas estruturas das plantas são comuns à maioria delas. A maioria das plantas tem **raiz**, **caule** e **folhas**. Algumas podem apresentar **flores**, **frutos** e **sementes**, como a castanheira-do-brasil.

Imagens sem proporção entre si.

Folhas da castanheira-do-brasil.

Flores da castanheira-do-brasil.

caule

Castanheira-do-brasil: pode atingir cerca de 50 metros de altura.
Fruto: pode atingir cerca de 15 centímetros de diâmetro.
Semente: pode atingir cerca de 7 centímetros de comprimento.

semente
fruto

Frutos e sementes da castanheira-do-brasil.

Raiz da castanheira-do-brasil.

Castanheira-do-brasil.

Agora, vamos conhecer o papel de cada uma dessas partes nas plantas.

Raiz

A raiz absorve a água e outras substâncias de que a planta precisa para se desenvolver.

Algumas plantas apresentam raízes que são responsáveis por fixá-las no solo ou em outras plantas. Mas também existem plantas em que as raízes ficam mergulhadas na água.

Orquídea: pode atingir cerca de 30 centímetros de altura.

Aguapé: pode atingir cerca de 1 metro de altura.

As raízes da **orquídea** fixam-na em outras plantas.

As raízes do **aguapé** ficam mergulhadas na água.

As raízes podem ter formatos variados. Veja abaixo alguns exemplos.

Representações sem proporção de tamanho. Cores-fantasia.

Cenoura: pode atingir cerca de 80 centímetros de altura.

Mandioca: pode atingir cerca de 3 metros de altura.

Roseira: pode atingir cerca de 2 metros de altura.

Bambueira: pode atingir cerca de 35 metros de altura.

Cenoura.

Mandioca.

Roseira.

Bambueira.

1. Quais dessas raízes geralmente são utilizadas na alimentação do ser humano?

Caule

O caule, geralmente, sustenta as folhas, as flores e os frutos da planta. Além disso, ele transporta e distribui substâncias importantes para o desenvolvimento da planta, como a água e os sais minerais. Observe as imagens abaixo.

Imagens sem proporção entre si.

A Umbuzeiro.

B Batata-inglesa.

C Vitória-régia.

O caule das plantas pode ser encontrado acima do solo, no interior do solo ou dentro da água.

2. Identifique o local do ambiente em que se encontra o caule de cada uma das plantas acima. Para isso, escreva a letra da imagem correspondente.

Caule acima do solo: ____.

Caule no interior do solo: ____.

Caule dentro da água: ____.

Os caules podem apresentar diferentes características. Veja a seguir.

A O caule do **gengibre** fica no interior do solo e armazena substâncias nutritivas.

B O caule do **limoeiro** apresenta espinhos que protegem a planta.

C O caule do **cacto** armazena água.

70 Setenta

Folha

As folhas participam de processos essenciais para a vida da planta, como a produção de alimento. Geralmente, é na folha que ocorrem a respiração da planta e a eliminação de água para o ambiente, por meio da transpiração.

PARA FAZER JUNTOS!

Com o professor e os colegas, escolha uma planta do pátio da escola e desenhe a folha dela em seu caderno.

3. Compare o desenho que você fez na atividade acima com o de três colegas. As folhas que vocês desenharam têm o mesmo formato?

Ao comparar o seu desenho com o de seus colegas, provavelmente vocês perceberam que as folhas apresentam diferentes tamanhos e formatos. Veja abaixo.

Filodendro: pode atingir cerca de 6 metros de comprimento.
Folhas de filodendro.

Mamona: pode atingir cerca de 3,5 metros de altura.
Folhas de mamona.

Limoeiro: pode atingir cerca de 6 metros de altura.
Folha de limoeiro.

> **Que curioso!**
>
> ### Folhas modificadas
>
> As folhas das plantas geralmente são verdes. Porém, em certas plantas essas partes são modificadas e apresentam cores variadas. Essas folhas exercem diferentes papéis na planta, como atrair animais que participam da reprodução delas.
>
> **Bico-de-papagaio**: pode atingir cerca de 4 metros de altura.
>
> **Primavera**: pode atingir cerca de 4 metros de altura.
>
> Bico-de-papagaio. Nessa planta, algumas folhas são vermelhas.
>
> Primavera. Nessa planta, algumas folhas são roxas.

Flor

Observe a imagem a seguir e responda às questões.

4. O que a abelha está fazendo?

5. Você sabe o que são as estruturas amarelas presas no corpo da abelha?

6. Em que parte da planta geralmente ficam essas estruturas amarelas?

Abelha em uma margarida-amarela.

Abelha: pode atingir cerca de 1 centímetro de comprimento.
Margarida-amarela: pode atingir cerca de 60 centímetros de altura.

A flor é a principal estrutura responsável pela reprodução de muitas plantas.

Para que algumas plantas se reproduzam, é necessário que os gametas masculinos que estão nos **grãos de pólen** cheguem até as estruturas femininas da flor. Esse processo é chamado **polinização**.

A polinização pode ser realizada por animais, como o beija-flor. Mas também pela água e pelo vento.

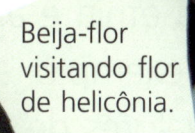

Beija-flor: pode atingir cerca de 15 centímetros de comprimento.
Helicônia: pode atingir cerca de 2 metros de altura.

Algumas flores apresentam cores, cheiros, formatos e substâncias, como o néctar, que atraem animais polinizadores.

Beija-flor visitando flor de helicônia.

néctar: substância rica em açúcares que pode servir de alimento para alguns animais

Inflorescência

Em algumas plantas, a estrutura que chamamos de flor é na verdade um conjunto de flores, conhecido como **inflorescência**. Isso ocorre com o girassol e várias outras plantas.

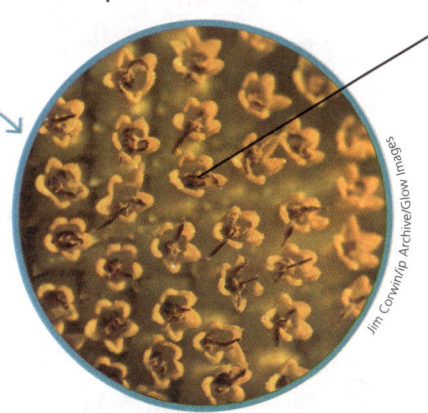

flor

Imagens sem proporção entre si.

O **girassol** é uma inflorescência, formada por várias flores pequenas agrupadas.

Girassol: pode atingir cerca de 1,8 metro de altura.

Fruto e semente

Muitos indígenas pintam o corpo utilizando uma substância vermelha extraída das sementes do fruto do urucum. A pintura do corpo dos indígenas tem vários significados. Elas podem ser feitas para enfeitar o corpo, preparar para a guerra, festas e rituais religiosos.

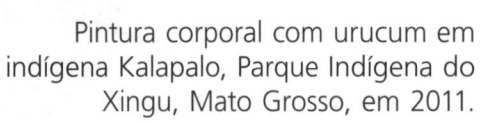

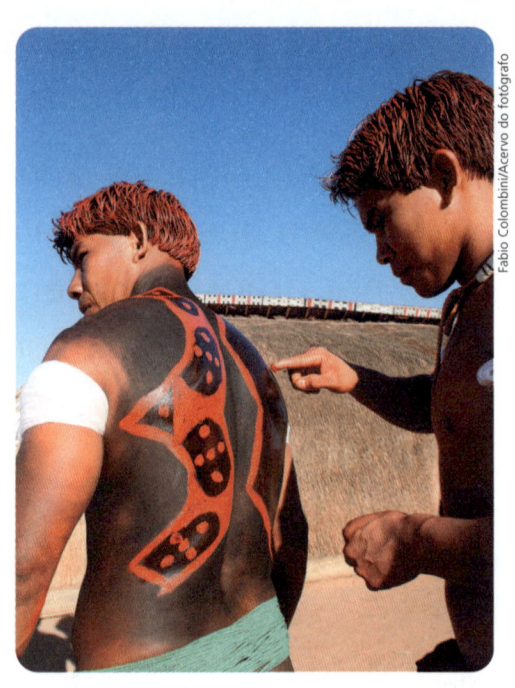

Pintura corporal com urucum em indígena Kalapalo, Parque Indígena do Xingu, Mato Grosso, em 2011.

As figuras que os indígenas fazem no corpo são características de cada etnia e apresentam diferentes significados. Para indígenas Pataxó, por exemplo, a pintura de uma onça no rosto representa guerreiros e os valores de paz e amor. Para indígenas Guarani, a pintura que traça um "X" simboliza a religião desse povo.

7. Veja abaixo frutos e sementes de urucum e escreva em cada indicação a palavra FRUTO ou SEMENTE.

Imagens sem proporção entre si.

Urucum.

Urucum: pode atingir cerca de 6 metros de altura.

O **fruto** envolve e protege as sementes das plantas. Os frutos de diferentes plantas apresentam cores e formatos variados.

Alguns frutos apresentam sabor e cores atrativos. Eles geralmente servem de alimento para alguns animais. Ao comerem esses frutos, os animais deixam a semente cair no solo ou as eliminam com as fezes, contribuindo para a **dispersão** da semente.

dispersão: ato de espalhar, levar para diferentes locais

Palmeira-jerivá: pode atingir cerca de 25 metros de altura.
Periquito: pode atingir cerca de 20 centímetros de comprimento.

Periquitos se alimentando de coquinhos de uma palmeira-jerivá.

As sementes das plantas também podem ser espalhadas no ambiente de outras maneiras. Veja a seguir.

Imagens sem proporção entre si.

Pata-de-vaca: pode atingir cerca de 12 metros de altura.

Dente-de-leão: pode atingir cerca de 50 centímetros de altura.

O fruto da **pata-de-vaca** se abre e lança as sementes no ambiente.

A semente do **dente-de-leão** é leve e tem uma parte plumosa que é facilmente carregada e espalhada pelo vento.

As sementes são estruturas que, após a germinação, dão origem a uma nova planta.

Alguns frutos têm apenas uma semente, como o abacate e a manga. Outros têm várias sementes, como o mamão e a melancia.

Setenta e cinco **75**

Investigue e aprenda

POR QUE A SEMENTE É IMPORTANTE PARA A PLANTA?

Vou precisar de:

- 1 copo plástico transparente;
- algodão;
- 3 grãos de feijão;
- água.

A Coloque o algodão no interior do copo plástico, até completar, aproximadamente, metade de sua capacidade.

Imagem que representa a etapa **A**.

B Insira três grãos de feijão no algodão, de forma que eles fiquem encostados na lateral do copo.

Imagem que representa a etapa **B**.

76

C Umedeça o algodão. Para isso, despeje a água vagarosamente, tomando cuidado para não encharcá-lo.

D Mantenha o copo em um local que receba luz solar diariamente pela manhã e que não atrapalhe as atividades de outras pessoas.

E Observe diariamente os grãos de feijão do copo e mantenha o algodão sempre úmido.

Imagem que representa a etapa **C**.

Relatando o que observei

1. Qual foi a primeira parte que surgiu no feijoeiro?
2. Anote a data em que surgiu cada uma das partes do feijoeiro: raiz, caule, folhas, flores e frutos.
3. Se o algodão não fosse umedecido regularmente, o desenvolvimento do feijoeiro seria o mesmo?
4. Retorne à questão que você respondeu no início da página anterior e a responda novamente, se necessário.
5. Compare seus registros com os de alguns colegas e verifique as semelhanças e as diferenças nas anotações que vocês fizeram. Conversem sobre o que foi possível concluir com esse experimento.

Pratique e aprenda

1. Observe as fotos abaixo.

   A Beterraba.

   B Aguapé.

   Beterraba: pode atingir cerca de 90 centímetros de altura.
   Aguapé: pode atingir cerca de 1 metro de altura.

   a. Marque um **X** na palavra que dá nome à parte indicada nas plantas.

   ◯ Caule.   ◯ Folha.   ◯ Flor.

   ◯ Fruto.   ◯ Semente.   ◯ Raiz.

   b. Escreva nos quadros abaixo a letra das fotos de acordo com o ambiente em que cada uma dessas plantas vive.

   ◯ Aquático.   ◯ Terrestre.

   c. Converse com os colegas sobre as diferenças entre as partes das plantas indicadas nessas fotos.

2. A mamangava é um inseto que se alimenta do néctar do maracujazeiro.

   Qual é a importância da mamangava para a planta? E da planta para o inseto?

   _____
   _____
   _____

   Mamangava: pode atingir cerca de 3,6 centímetros de comprimento.

   Mamangava com o corpo coberto de pólen em uma flor de maracujazeiro.

3. Marque um **X** nos frutos que têm várias sementes.

Abacate: pode atingir cerca de 20 centímetros de comprimento.

Melancia: pode atingir cerca de 60 centímetros de comprimento.

Abóbora: pode atingir cerca de 20 centímetros de comprimento.

Manga: pode atingir cerca de 20 centímetros de comprimento.

Abacate. ◯   Melancia. ◯   Abóbora. ◯   Manga. ◯

Representações sem proporção de tamanho. Cores-fantasia.

4. Veja as cenas abaixo.

Há um tempo, Cláudia foi passear com seu cachorro Lulu pela vizinhança.

Algum tempo depois, Cláudia encontrou em seu quintal uma planta de carrapicho.

LULU, VOCÊ ESTÁ CHEIO DE CARRAPICHOS!

COMO ESSA PLANTA NASCEU AQUI?

- Como você responderia à pergunta de Cláudia?

_____

_____

_____

Divirta-se e aprenda

Agora, vamos brincar com o **Jogo da memória das plantas**. Para isso, destaque as peças das páginas **161** a **167** e siga as instruções do professor.

Aprenda mais!

Era uma vez uma semente

Tudo começa com a semente! A partir dela, outras partes da planta vão surgindo. Mas, para isso, são necessários alguns cuidados. Acompanhe a história de uma menina e seu avô que observam o processo de transformação das plantas ao longo do tempo.

Era uma vez uma semente, de Judith Anderson e Mike Gordon. São Paulo: Scipione, 2010. (Coleção Milagres da Natureza).

Ponto de chegada

1. Observe a planta que você cultivou na seção **Investigue e aprenda**, nas páginas **76** e **77**, e resolva as questões a seguir.

   - Desenhe essa planta no caderno, identifique suas partes e o papel de cada uma delas na planta, incluindo flor e fruto.

   - Agora, finalize seu desenho ilustrando o ambiente em que essa planta, geralmente, vive.

2. O que diferencia os seres vivos, como o feijoeiro, dos elementos não vivos do ambiente?

unidade

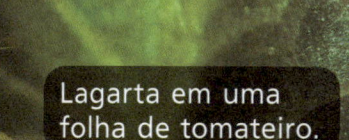

5 As plantas e o ambiente

Lagarta em uma folha de tomateiro.

Ponto de partida

1. Qual é a importância da planta para a lagarta?

2. Com que finalidade o ser humano, geralmente, planta tomateiros?

3. Na resposta que você deu à questão **2**, qual é a relação entre o tomateiro e o ser humano?

As plantas e os demais componentes do ambiente

Para um trabalho da escola, Ana Carolina recortou de revistas antigas imagens que apresentavam plantas. Veja a seguir.

A — **Harpia:** pode atingir cerca de 1 metro de comprimento.

B — **Chifre-de-veado:** pode atingir cerca de 60 centímetros de altura.

C

D

1. Agora, ajude Ana Carolina a colar as imagens no espaço adequado. Para isso, escreva em cada espaço a letra da imagem correspondente.

Muitos seres vivos se alimentam de partes de plantas.

Alguns animais se abrigam em certas plantas.

Algumas plantas se fixam sobre outras plantas.

As plantas protegem o solo contra a ação da chuva, impedindo que as gotículas de água caiam diretamente sobre o solo e arrastem parte dele.

Ana Carolina observando o cartaz.

(Imagens sem proporção entre si.)

82 Oitenta e dois

2. Observando as imagens da página anterior, você acha que as plantas interagem com o ambiente e com outros seres vivos?

Ao responder à questão acima, você deve ter percebido que as plantas se relacionam entre si, com o ambiente e com outros seres vivos de diferentes maneiras.

As plantas são essenciais para o ambiente e para a vida na Terra. Elas se relacionam com outros seres vivos de diferentes maneiras. Nessas relações, as plantas podem servir de alimento, de abrigo e de suporte para outros seres vivos, proteger o solo, além de interferir em algumas características do ambiente. Veja abaixo.

Durante a produção de seu próprio alimento, as plantas liberam gás oxigênio na atmosfera. Esse gás é essencial para a respiração da maioria dos seres vivos, como os seres humanos.

A presença de plantas torna os ambientes mais úmidos e auxilia na ocorrência de chuvas. Isso porque elas liberam vapor de água no ambiente.

A sombra das plantas ajuda a manter o solo úmido.

Trecho da Mata Atlântica em São Miguel Arcanjo, São Paulo, em 2017. O solo úmido colabora para que muitos seres vivos se desenvolvam nos ambientes.

As plantas e os seres humanos

Leia os poemas abaixo.

O limão

Agora preste atenção:
Se a vida for um limão

Em um copo de água
Natural, fria ou gelada,

Ponha açúcar a gosto
Para não ter desgosto

E sinta a vida mudada,
De limão pra limonada.

O limão, de Sérgio Capparelli. *Poesia de bicicleta*. Porto Alegre: L&PM, 2009. p. 35

Fruta familiar

De todas as frutas

A mais caseira é a banana

Sempre em cacho, sempre em penca

Sempre em família.

Fruta familiar, de Sérgio Capparelli. *Poesia de bicicleta*. Porto Alegre: L&PM, 2009. p. 34

3. Para que geralmente utilizamos as frutas citadas nos poemas?

As plantas citadas nos poemas acima podem ser consumidas pelo ser humano. No entanto, as plantas não participam apenas da nossa alimentação. Elas fazem parte do cotidiano do ser humano e podem ser utilizadas de diferentes maneiras, inclusive na construção de alguns tipos de moradia.

O teto das moradias do povo indígena Tekoá Porã é feito de folhas de plantas.

As estruturas das moradias são feitas com o caule de algumas plantas.

Moradia construída pelo povo Tekoá Porã, no município de Salto do Jacuí, Rio Grande do Sul, em 2014.

4. Observe ao seu redor e identifique situações que envolvem as plantas ou parte delas.

Provavelmente, você deve ter percebido que as plantas estão presentes em diversas situações do nosso dia a dia. Para a fabricação de alguns produtos, pode-se aproveitar a planta inteira, parte dela ou substâncias que ela produz. Veja abaixo.

Imagens sem proporção entre si.

O látex é extraído do caule da seringueira.

Seringueira: pode atingir cerca de 40 metros de altura.

Extração do látex da seringueira.

O látex é utilizado na fabricação de borracha, que está presente em diversos objetos.

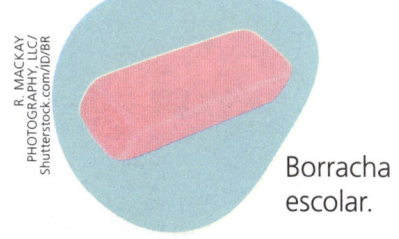

Borracha escolar.

O óleo de soja é obtido a partir da semente da soja.

Soja: pode atingir cerca de 1,1 metro de altura.

Sementes de soja.

O óleo de soja é utilizado para cozinhar.

Óleo de soja.

A madeira é obtida do caule de árvores, como o angelim.

Angelim: pode atingir cerca de 60 metros de altura.

Angelim.

A madeira é utilizada na fabricação de móveis.

Cadeira.

Por dentro do tema

Educação ambiental

Desmatamento

Algumas das relações que o ser humano estabelece com as plantas podem ser prejudiciais a elas, ao ambiente e a outros seres vivos. Veja o cartum abaixo.

Biratan. *Greencartoon*. Disponível em: <www.greencartoon.blogspot.com.br/2009/11/biratan-ecologico.html>. Acesso em: 2 nov. 2017.

💬 **a.** Qual é a relação do ser humano com as plantas representadas nesse cartum?

💬 **b.** O que representa o SOS que aparece no último quadro do cartum?

💬 **c.** Para você, qual é a importância de conservar as plantas e reduzir o desmatamento?

Pratique e aprenda

Imagens sem proporção entre si.

1. Observe a foto ao lado.

a. Quais são as relações da preguiça com a planta mostrada?

_____

_____

_____

b. Que parte da planta o animal está comendo?

_____

Preguiça: pode atingir cerca de 60 centímetros de comprimento.

Preguiça.

2. Veja a refeição de Márcio. Pinte o quadro dos alimentos da refeição que são partes de plantas.

Vamos nos cuidar

A refeição de Márcio é variada e em quantidade adequada para seu corpo. Uma boa alimentação contribui para manter a saúde do corpo. Suas refeições geralmente contêm alimentos variados?

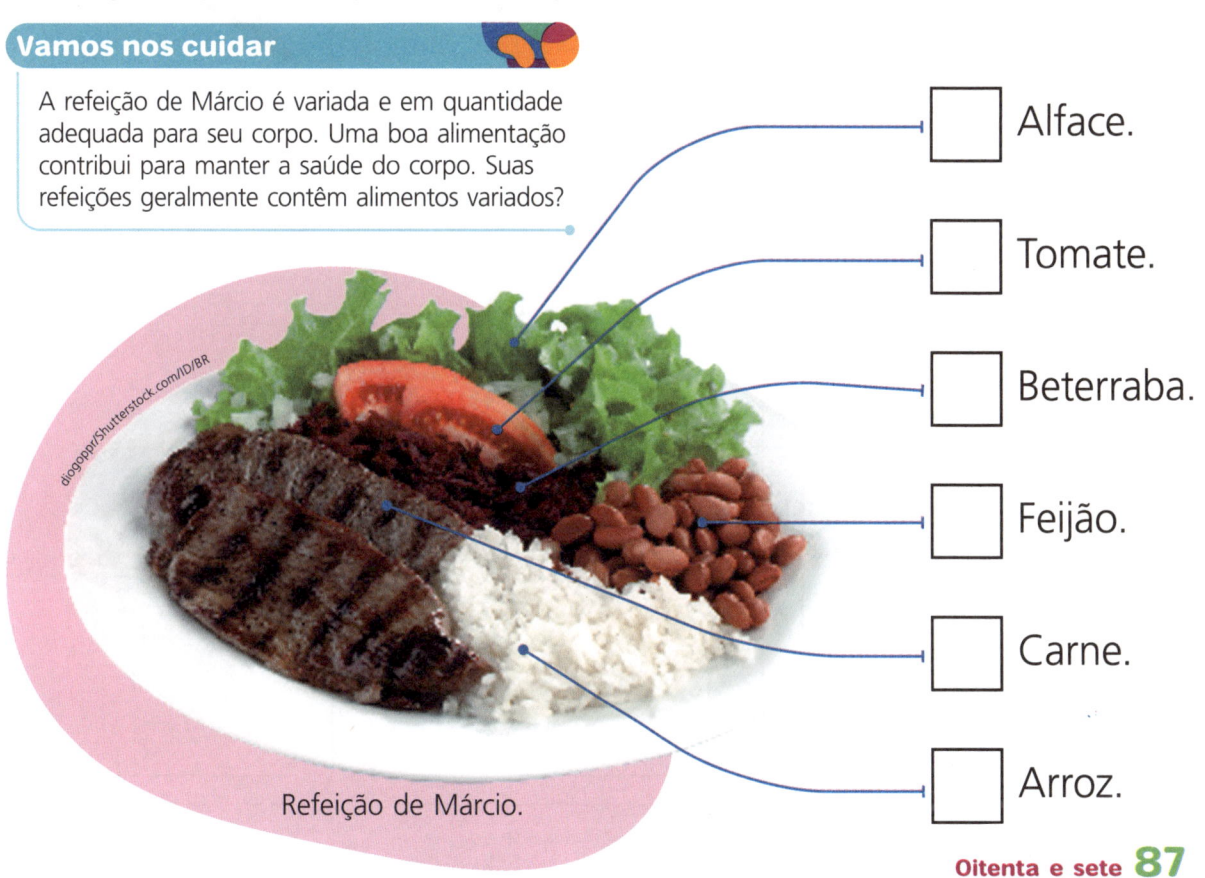

☐ Alface.

☐ Tomate.

☐ Beterraba.

☐ Feijão.

☐ Carne.

☐ Arroz.

Refeição de Márcio.

3. Escreva em cada foto qual a principal parte da planta utilizamos em nossa alimentação.

Imagens sem proporção entre si.

Ervilha	Couve-flor	Repolho
_____	_____	_____

Batata-doce	Almeirão	Cenoura
_____	_____	_____

Rabanete	Mamão	Tomate
_____	_____	_____

Para fazer juntos!

As fotos abaixo apresentam algumas etapas da produção de papel.

Imagens sem proporção entre si.

Toras de pinus.

Bobina de papel.

Massa feita da celulose da madeira, que dará origem ao papel.

Junte-se a um colega e pesquisem em livros, revistas ou na internet informações sobre as questões a seguir.

1. De onde é retirada a madeira que é utilizada na fabricação de papel?
2. O que o aumento na produção de papel pode provocar no ambiente?
3. Você acha que desperdiça papel no seu dia a dia?
4. Como você pode contribuir para diminuir os prejuízos ao ambiente provocados pela produção de papel?

Locais de cultivo de plantas

1. Lembre os alimentos de origem vegetal que você comeu ontem. Onde foram cultivadas essas plantas?

Muitas plantas que o ser humano utiliza em sua alimentação e na fabricação de produtos são cultivadas em plantações.

As plantações geralmente ocupam terrenos extensos, onde são cultivadas grandes quantidades de plantas do mesmo tipo. Há plantações de milho, trigo, soja, café, arroz, algodão, cana-de-açúcar, laranja, banana, batata, entre outras. No Brasil, destacam-se as plantações de soja, milho e cana-de-açúcar.

Plantação de soja.

Plantação de café.

Soja: pode atingir cerca de 1,1 metro de altura.
Cafeeiro: pode atingir cerca de 4 metros de altura.

Plantação de café (à frente) e de soja (ao fundo) no município de Londrina, Paraná, 2016.

As plantas também podem ser cultivadas em hortas, pomares e jardins.

2. Ligue cada local de cultivo das plantas à sua descrição correta.

Imagens sem proporção entre si.

Nas hortas geralmente são cultivadas plantas como alface, almeirão, rabanete, couve, tomate, repolho, cenoura, entre outras.

Nos pomares geralmente são cultivadas plantas que produzem frutas, como figueiras, laranjeiras, abacateiros, macieiras, entre outras.

Em geral, nos jardins são cultivadas plantas ornamentais, ou seja, utilizadas para enfeitar o ambiente. É comum observarmos nesses locais margaridas, hortênsias, lírios, entre outras plantas.

Noventa e um **91**

Por dentro do tema

Tecnologia

Hidroponia

a. Você acha que as plantas podem ser cultivadas sem a utilização do solo?

Existe uma técnica na qual algumas plantas são cultivadas sem a utilização do solo – a hidroponia. Veja a seguir algumas características dessa técnica.

As plantas permanecem em suportes e suas raízes ficam em contato com água misturada a nutrientes.

Alface: pode atingir cerca de 40 centímetros de altura.

Cultivo de alface por meio da técnica de hidroponia em Palmas, Tocantins, em 2017.

A água que fica em contato com as raízes das plantas apresenta os nutrientes necessários para que elas se desenvolvam adequadamente.

Como as plantas não têm contato com o solo, há menor chance de ataque por pragas e, consequentemente, menor necessidade do uso de agrotóxicos.

b. Você já comeu alguma planta que foi cultivada por meio da técnica da hidroponia? Qual?

c. Conclua conversando com um colega, se a hidroponia pode auxiliar no cuidado com o ambiente e com a saúde do ser humano.

Pratique e aprenda

1. Leia abaixo o trecho da reportagem.

> **Moradores transformam terrenos baldios em hortas orgânicas em SP**
>
> [...]
>
> Depois de 12 anos, já são 21 hortas comunitárias. Funciona assim: a organização negocia com os donos a utilização dos terrenos e ensina as técnicas de plantação. Quem trabalha nas hortas, além de consumir os alimentos, pode lucrar com a venda dos produtos. E já são 115 famílias beneficiadas.
>
> [...]
>
> Moradores transformam terrenos baldios em hortas orgânicas em SP. *G1*, São Paulo, 27 fev. 2016. Disponível em: <http://g1.globo.com/globo-reporter/noticia/2016/02/moradores-transformam-terrenos-baldios-em-hortas-organicas-em-sp.html>. Acesso em: 2 nov. 2017.

a. Pinte os itens abaixo que podem ser considerados benefícios das hortas comunitárias.

☐ Fonte de renda para muitas famílias.

☐ Incentiva o trabalho coletivo e a divisão de tarefas.

☐ Possibilita o acesso a uma alimentação mais saudável.

☐ Utiliza melhor os espaços disponíveis nas cidades.

Horta comunitária no município de Palmas, Tocantins, em 2015.

b. Converse com os colegas sobre cada um dos itens que você pintou na questão anterior.

Cuidando das plantas

Clarice plantou um arbusto no canteiro de sua casa. Nos dias seguintes não choveu e o tempo estava bastante seco. Veja como a planta ficou.

Representação sem proporção de tamanho. Cores-fantasia.

POR QUE A PLANTA FICOU COM ESSA APARÊNCIA?

Clarice logo após plantar o arbusto.

Alguns dias depois.

1. Como você responderia à pergunta de Clarice?

2. Que cuidado com a planta poderia ter evitado a situação mostrada na última cena?

Após alguns dias, a planta de Clarice murchou e perdeu algumas de suas folhas.

Clarice contou à sua professora de Ciências o que aconteceu com o arbusto que ela havia plantado. A professora explicou que para viver e se desenvolver as plantas precisam de alguns componentes do ambiente, como a água.

Quando as plantas não recebem quantidade adequada de água, elas podem ter alguns prejuízos, como redução no seu crescimento e no tamanho das folhas, mudança de coloração das folhas, além de queda de frutos e de flores. Quando a falta de água é intensa, a planta pode até morrer.

Mas será que as plantas precisam apenas de água para sobreviver? Para responder a essa questão e explicar a relação entre as plantas e outros componentes do ambiente, a professora de Clarice realizou o seguinte experimento com os alunos.

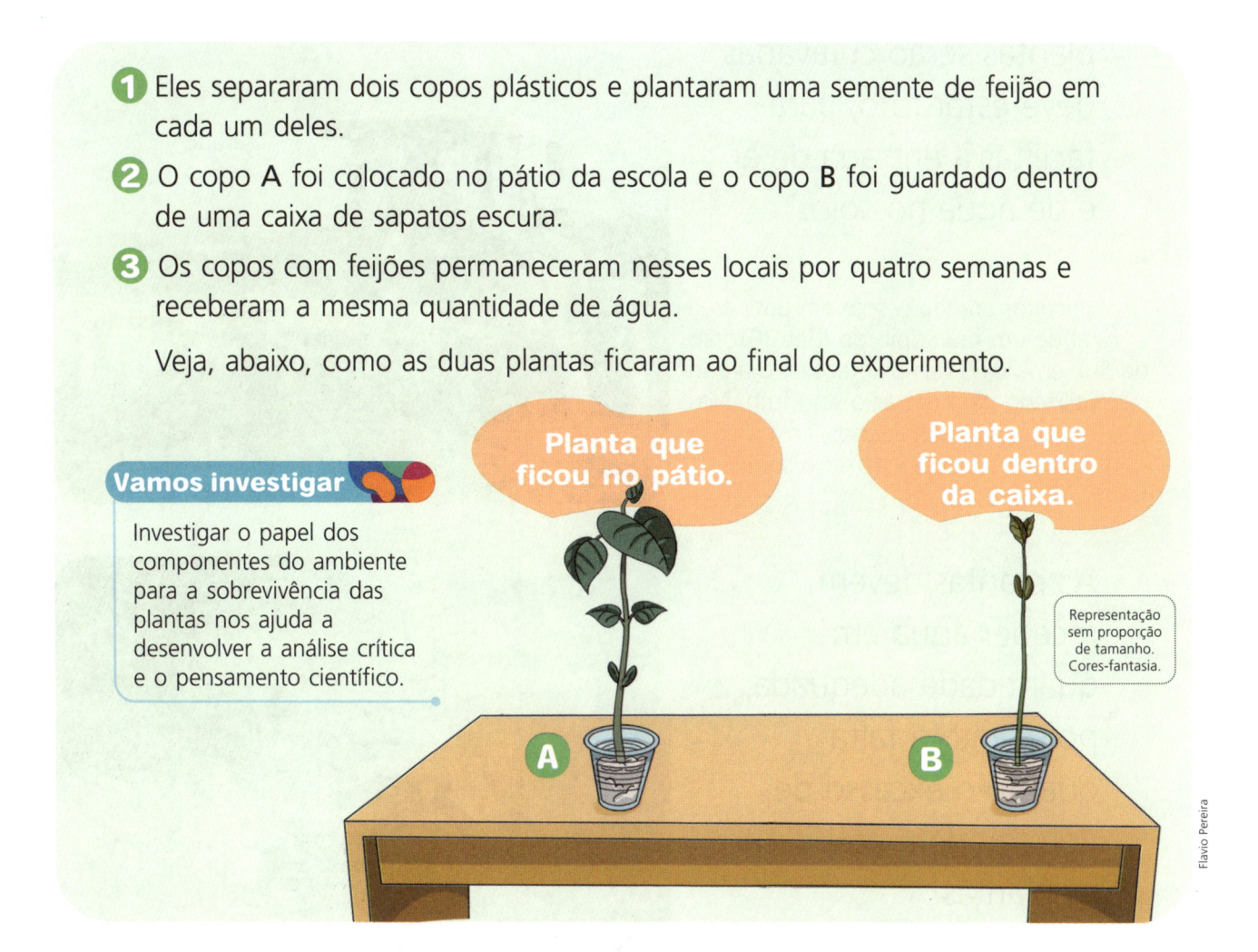

1. Eles separaram dois copos plásticos e plantaram uma semente de feijão em cada um deles.
2. O copo **A** foi colocado no pátio da escola e o copo **B** foi guardado dentro de uma caixa de sapatos escura.
3. Os copos com feijões permaneceram nesses locais por quatro semanas e receberam a mesma quantidade de água.

Veja, abaixo, como as duas plantas ficaram ao final do experimento.

Vamos investigar

Investigar o papel dos componentes do ambiente para a sobrevivência das plantas nos ajuda a desenvolver a análise crítica e o pensamento científico.

Planta que ficou no pátio.

Planta que ficou dentro da caixa.

Representação sem proporção de tamanho. Cores-fantasia.

3. As duas plantas se desenvolveram da mesma maneira?

4. Em sua opinião, por que isso ocorreu?

Além de água, as plantas precisam de luz solar para crescer e se desenvolver adequadamente. Isso porque a luz solar é utilizada pelas plantas na produção do seu próprio alimento.

Na falta de luz solar, as folhas das plantas assumem uma coloração amarelada e o caule pode ficar mais fino e comprido, quando comparado com as plantas que ficam expostas à luz solar.

Além de água e luz solar, as plantas precisam de outros cuidados para se desenvolver adequadamente. Vamos conhecer alguns deles a seguir.

Imagens sem proporção entre si.

- O solo no qual as plantas serão cultivadas deve estar fofo, para facilitar a entrada de ar e de água no solo.

Agricultor arando o solo em uma área rural de um município do Mato Grosso do Sul, em 2017. Nas plantações, o arado é utilizado para deixar o solo fofo. Nos jardins, hortas e vasos, costuma-se utilizar uma pá para deixar o solo fofo.

- As plantas devem receber água em quantidade adequada, pois tanto a falta quanto o excesso de água podem prejudicar as plantas.

- Em alguns casos, o solo deve ser adubado. A adubação adiciona nutrientes ao solo.

Trator remexendo o solo que acabou de ser adubado em Volta Redonda, Rio de Janeiro, em 2013.

- As plantas precisam de espaço adequado para se desenvolver. Por isso, é preciso avaliar o tamanho dos vasos onde elas serão plantadas.

5. Você e seus familiares costumam ter algum desses cuidados com as plantas do local onde você mora?

Por dentro do tema

Trabalho

Agricultor

Você já parou para pensar que os alimentos que comemos e diversos produtos que utilizamos têm a participação de um agricultor?

O agricultor é o profissional que cultiva o solo, cuidando de plantações e criando animais. É graças ao cuidado e à dedicação do agricultor que grande parte dos nossos alimentos é produzida. Entre as atividades que o agricultor realiza estão:

Representações sem proporção de tamanho. Cores-fantasia.

- Preparar o solo e plantar as sementes.
- Acompanhar o desenvolvimento das plantas.
- Realizar a colheita.
- Criar animais acompanhando sua reprodução, alimentação e desenvolvimento.
- Acompanhar a previsão do tempo, conhecer os períodos de chuva e de seca e identificar a melhor época para plantar e para colher.

Rivaldo Barboza

Em geral, o dia a dia do agricultor começa cedo, de madrugada, e se estende até o anoitecer, exigindo esforço e dedicação.

a. Por que você acha que é importante que o agricultor tenha conhecimento das épocas de seca e de chuva?

b. Converse com os colegas sobre a importância do trabalho do agricultor para a população.

Investigue e aprenda

É POSSÍVEL CONSTRUIR UMA PEQUENA HORTA SE NÃO TIVERMOS ESPAÇO NO TERRENO DO QUINTAL? DE QUE MANEIRA?

A Misture a terra aos restos de folhas secas picadas, deixando a terra fofa.

B Peça a um adulto que faça uma abertura na lateral da garrafa plástica utilizando a tesoura, e alguns furos no lado oposto utilizando o prego.

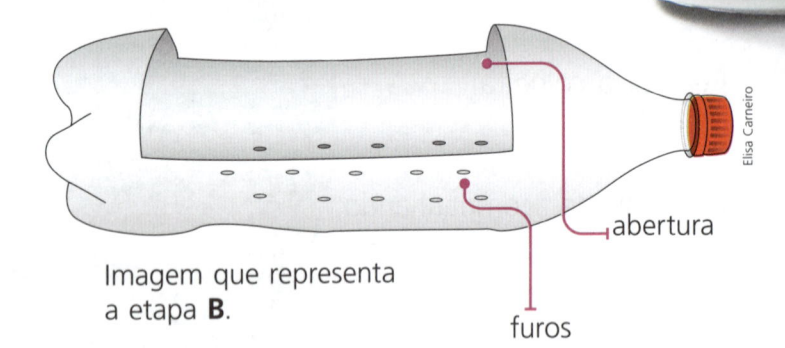

Vou precisar de:

- sementes de cebolinha;
- sementes de salsinha;
- solo (terra);
- folhas ou partes de plantas secas;
- água;
- regador;
- garrafa plástica de 2 litros;
- tesoura com pontas arredondadas;
- prego;
- régua.

Imagem que representa a etapa **B**.

abertura

furos

Relatando o que observei

1. Qual é a importância de deixar a terra fofa?
2. Por que foram misturadas folhas secas picadas à terra?
3. Por que é necessário fazer os furos no lado oposto da abertura da garrafa?

C Coloque a terra preparada na garrafa plástica, espalhando sementes sobre ela.

D Regue a horta, tomando cuidado para não deixar a terra encharcada.

Imagem sem proporção de tamanho.

Imagem que representa a etapa **C**.

E Deixe a horta em um local que receba luz solar. Diariamente, verifique o desenvolvimento das plantas e se é necessário regar a terra.

F Após o surgimento dos brotos acima do solo, meça a altura aproximada das plantas a cada dois dias, durante dez dias. Anote as informações no caderno.

4. Quantos centímetros, aproximadamente, as plantas cresceram ao longo dos dez dias?

5. Compare os dados de crescimento das plantas com os dos colegas. O crescimento das plantas foi semelhante?

6. Retorne à questão do início dessa atividade e analise sua resposta. Complemente-a ou corrija-a, caso necessário.

Pratique e aprenda

1. Ao voltar de viagem, Ricardo percebeu que sua roseira estava murcha e a terra do vaso estava seca.

   • Marque um **X** no principal cuidado que Ricardo deve ter com a roseira nesse momento.

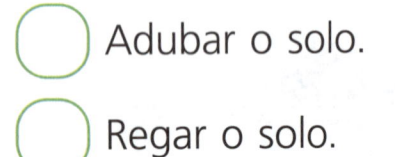

   ◯ Adubar o solo.

   ◯ Regar o solo.

   ◯ Afofar o solo.

   Roseira: pode atingir cerca de 2 metros de altura.

   Roseira de Ricardo.

2. Joana plantou uma semente de feijão e a deixou no interior de uma caixa de sapatos, que apresentava alguns obstáculos ao desenvolvimento do feijoeiro. A caixa foi mantida fechada, com apenas uma abertura em uma de suas laterais.

   Veja, ao lado, como o feijoeiro se desenvolveu.

   Feijoeiro: pode atingir cerca de 50 centímetros de altura.

   Feijoeiro plantado por Joana.

   a. O que você pode dizer em relação ao desenvolvimento do feijoeiro?

   _____
   _____
   _____

   b. Converse com os colegas sobre a importância da abertura na caixa para o desenvolvimento do feijoeiro.

3. Cíntia e sua mãe estão preparando um jardim em sua casa.

a. Observe cada cena e identifique a ação representada em cada uma delas. Para isso, desenhe a figura no quadrinho das imagens de acordo com a legenda a seguir.

● Plantando as sementes.

■ Regando o solo.

★ Adubando o solo.

▲ Arando o solo.

Representações sem proporção de tamanho. Cores-fantasia.

A

B

C

D

Ilustrações: André Aguiar

b. Circule a letra da cena que não representa um cuidado.

c. Se Cíntia e sua mãe não tivessem esses cuidados, o que poderia acontecer com o jardim?

_____
_____
_____

Cento e um **101**

Aprenda mais!

No *site É dia de feira!*, você participará de um jogo. Ajude os personagens a comprar os alimentos vendidos na feira e marque pontos!

<http://mundogloob.globo.com/programas/tem-crianca-na-cozinha/jogos/e-dia-de-feira.htm>.
Acesso em: 19 fev. 2020.

No livro *O sabor da maçã*, você conhecerá o tesouro que essa fruta esconde: o sabor, o perfume e, ainda, a capacidade de se multiplicar e se transformar em um pomar.

O sabor da maça, de Regina Coeli Rennó. São Paulo: FTD, 1992.

Ponto de chegada

Pense em uma planta que você costuma ver no seu dia a dia.

1. Essa planta é geralmente cultivada? Em caso afirmativo, em que local?

2. Que relações essa planta pode estabelecer com os demais seres vivos e os outros componentes do ambiente?

3. Você sabe se essa planta recebe cuidados? Em caso positivo, quais?

unidade

6 Estudando os animais

Esquilo-voador.

Ponto de partida

1. Você já viu um animal semelhante ao da foto?

2. O animal da imagem é conhecido como esquilo-voador. Você acha que ele voa?

3. Que componente do ambiente é essencial para que esse animal consiga planar no ambiente?

Conhecendo os animais

Veja o quintal da casa de Marcelo.

Representação sem proporção de tamanho. Cores-fantasia.

Quintal da casa de Marcelo.

💬 **1.** Os animais do quintal de Marcelo são diferentes uns dos outros? Em caso afirmativo, cite uma diferença entre eles.

Ao responder à questão acima, você provavelmente percebeu que os animais apresentam diferenças no formato do corpo. Além disso, eles são diferentes nas cores, no tamanho, na forma como se locomovem, nos sons que podem emitir e na cobertura do corpo.

Apesar dessas diferenças, os animais apresentam algumas características em comum. Vamos conhecê-las a seguir.

Características gerais dos animais

Assim como os seres humanos, os demais animais não conseguem produzir seu próprio alimento. Por isso, eles se alimentam de outros seres vivos.

Observe as imagens abaixo.

Jacaré-do-pantanal se alimentando.

Jacaré-do-pantanal: pode atingir cerca de 3 metros de comprimento.
Girafa: pode atingir cerca de 5,7 metros de altura.

Girafa se alimentando.

💬 **2.** Do que estão se alimentando o jacaré-do-pantanal e a girafa?

Os animais podem se alimentar de plantas ou de outros animais. Eles podem ser encontrados na água, no ar, sobre algumas plantas, sobre o solo ou em seu interior, sobre outros animais ou até mesmo no interior deles, como é o caso de alguns animais parasitas.

Divirta-se e aprenda

Animal misterioso

Vamos brincar de animal misterioso? Você será um detetive e deverá investigar e descobrir o animal misterioso. Para isso, você receberá dicas sobre esse animal nas seções **Divirta-se e aprenda!** desta unidade.

Dica 1: vive sobre o solo.

Cobertura do corpo

💬 **3.** Qual é a cobertura do corpo do ser humano?

Os animais podem apresentar o corpo coberto por penas, pelos, escamas ou carapaças. Veja alguns exemplos abaixo. 📱

A O **caxinguelê** tem o corpo coberto por **pelos**.

B O **pavão** tem o corpo coberto por **penas**.

C A **rã** tem o corpo coberto por uma **pele fina e úmida**.

D O **peixe borboleta-bicuda** tem o corpo coberto por **escamas**.

E O **jabuti-piranga** tem o corpo coberto por **carapaça**.

Caxinguelê: pode atingir cerca de 20 centímetros de comprimento.
Pavão: pode atingir cerca de 2 metros de comprimento.
Rã: pode atingir cerca de 6 centímetros de comprimento.
Peixe borboleta-bicuda: pode atingir cerca de 25 centímetros de comprimento.
Jabuti-piranga pode atingir cerca de 50 centímetros de comprimento.

💬 **4.** A qual dos animais acima mais se assemelha a cobertura do corpo do ser humano?

Ciclo de vida dos animais

Os animais são seres vivos. Eles nascem, crescem, se alimentam, podem se reproduzir e morrem. Leia a história a seguir.

Representações sem proporção de tamanho. Cores-fantasia.

O avô de Caio tem uma criação de porcos. Recentemente, nasceu uma porquinha no sítio. Caio deu a ela o nome de Lili.

NOSSA! COMO VOCÊ CRESCEU, LILI!

Toda vez que Caio vai ao sítio, ele corre para ver Lili.

Após um ano, Lili se reproduziu e teve quatro filhotes.

SINTO SUA FALTA, LILI!

Após dez anos, Lili morreu.

Rivaldo Barboza

Divirta-se e aprenda

Animal misterioso

Dica 2: locomove-se caminhando.

Como vimos na história de Caio e sua porquinha Lili, os animais, assim como outros seres vivos, nascem, crescem, se desenvolvem, podem se reproduzir e morrem. Essas etapas compõem o **ciclo de vida** dos animais.

5. As imagens abaixo representam algumas etapas do ciclo de vida de uma galinha. Ordene essas etapas de acordo com a sequência em que elas ocorrem, numerando-as de **1** a **3**.

Representações sem proporção de tamanho. Cores-fantasia.

Divirta-se e aprenda

Animal misterioso

Dica 3: seu corpo é coberto por pelos.

6. Comente sobre as transformações que a galinha sofreu ao longo do tempo.

108 Cento e oito

Pratique e aprenda

1. Observe abaixo um ambiente com alguns animais.

Representação sem proporção de tamanho. Cores-fantasia.

- arara
- harpia
- ariranha
- capivara
- tatu
- carrapato

Ambiente com alguns animais.

- Identifique o local do ambiente em que se encontra cada um dos animais. Para isso, pinte o quadro indicado ao lado do nome de cada animal de acordo com a legenda abaixo.

  🟢 Sobre uma planta.　　🔵 Na água.

  🟤 No interior do solo.　　🔴 Sobre outro animal.

  🟡 No ar.　　🟣 Sobre o solo.

Cento e nove **109**

2. Leia as informações abaixo e identifique a que animal elas se referem. Para isso, escreva, no espaço ao lado de cada imagem, a letra correspondente à informação.

   a. O corpo é dividido em duas partes principais e tem oito pernas.
   b. Corpo alongado, com formato cilíndrico. Não tem pernas.
   c. Corpo com formato semelhante ao de uma estrela.
   d. O corpo é dividido em três partes, tem dois pares de asas coloridas e um par de antenas.
   e. O corpo é dividido em três partes, tem um par de antenas e três pares de pernas.
   f. Tem dois pares de asas, sendo um par colorido e com pequenos pontos pretos.

Minhoca: pode atingir cerca de 25 centímetros de comprimento.
Minhoca.

Estrela-do-mar: pode atingir cerca de 20 centímetros de diâmetro.
Estrela-do-mar.

Tarântula: pode atingir cerca de 25 centímetros de comprimento.
Tarântula.

Borboleta: pode atingir cerca de 9 centímetros de envergadura.
Borboleta.

Joaninha: pode atingir até 15 milímetros de comprimento.
Joaninhas.

Formiga: pode atingir cerca de 6 milímetros de comprimento.
Formiga.

3. Organize as letras dos quadros e descubra a qual animal pertence cada cobertura do corpo mostrada abaixo.

A BRAZE

B BAPOM

C PECARERE

D BRACO-RALCO

Imagens sem proporção entre si.

_____ _____

_____ _____

a. Identifique o tipo de cobertura do corpo de cada animal acima.

_____

_____

b. Converse com os colegas sobre como esses animais se locomovem.

Animais e o ambiente

Mariana tem um álbum de figurinhas sobre animais. Ela acabou de completar duas páginas desse álbum. Veja a seguir.

Animais silvestres

Os animais que vivem em ambientes naturais, como matas e florestas, e que obtêm deles os alimentos e outros recursos de que precisam para sobreviver são chamados **animais silvestres**.

Tigre-siberiano: pode atingir cerca de 3,7 metros de comprimento.

Tigre-siberiano

O tigre-siberiano é um animal que vive em florestas da Ásia.

Coala: pode atingir cerca de 80 centímetros de comprimento.

Coala

O coala é um animal que vive em florestas de eucalipto na Austrália.

Tucano

Tucano: pode atingir cerca de 50 centímetros de altura.

O tucano é um animal encontrado nas florestas da América do Sul.

112 Cento e doze

Animais nativos

Os animais que são encontrados naturalmente em uma região são chamados **animais nativos**. Os animais nativos do Brasil fazem parte da **fauna brasileira**.

Jaguatirica

Jaguatirica: pode atingir cerca de 1,4 metro de comprimento.

A jaguatirica pode ser encontrada em quase todo o território brasileiro e se alimenta, basicamente, de pequenos animais.

Arara-azul

A arara-azul é uma espécie ameaçada de extinção no Brasil. Ela pode ser encontrada em regiões da Amazônia e do Pantanal e se alimenta, basicamente, de sementes.

Arara-azul: pode atingir cerca de 1 metro de comprimento.

Animais exóticos

Os animais que não são encontrados naturalmente em uma região ou país, isto é, que foram trazidos de outros locais, são chamados **animais exóticos**.

Búfalo

Búfalo: pode atingir cerca de 3 metros de comprimento.

O búfalo doméstico é originário da Ásia e foi trazido para o Brasil para fornecer leite e carne.

Abelha-africana

Abelha-africana: pode atingir cerca de 1 centímetro de comprimento.

A abelha-africana é originária da África do Sul. Ela foi trazida ao Brasil e hoje pode ser encontrada por todo o país.

Cento e treze **113**

Animais criados pelo ser humano

Leia a tira abaixo.

Quadro 1: — ELE É TUDO DE BOM! SÓ ME TRAZ ALEGRIAS E FELICIDADE!
Quadro 2: — LEGAL! E O QUE VOCÊ TÁ LEVANDO NESSA SACOLINHA?

Armandinho, de Alexandre Beck. *Armandinho*. Disponível em: <https://tirasarmandinho.tumblr.com>. Acesso em: 2 nov. 2017.

💬 **1.** O que a mulher da tira acima está fazendo?

💬 **2.** Em sua opinião, por que a personagem está carregando uma sacolinha enquanto leva o cachorro para passear?

Alguns animais podem ser criados pelo ser humano para lhes fazer companhia, como os coelhos, os gatos e os cachorros. Eles são chamados **animais de estimação**.

> ESTE É O BOB, MEU COELHO DE ESTIMAÇÃO. VOCÊ TEM UM ANIMAL DE ESTIMAÇÃO? QUAL?

Representação sem proporção de tamanho. Cores-fantasia.

Que curioso!

Cães-guia

Alguns animais são treinados para ajudar o ser humano em diversas tarefas. Certos cachorros, por exemplo, são treinados para auxiliar e guiar pessoas com deficiência visual. Eles são conhecidos como cães-guia.

Cão-guia auxiliando uma pessoa com deficiência visual.

💬 **3.** Qual é a importância dos cães-guia para as pessoas com deficiência visual?

O ser humano pode se relacionar com outros animais de diferentes maneiras. Veja a seguir parte do sítio de Bruno.

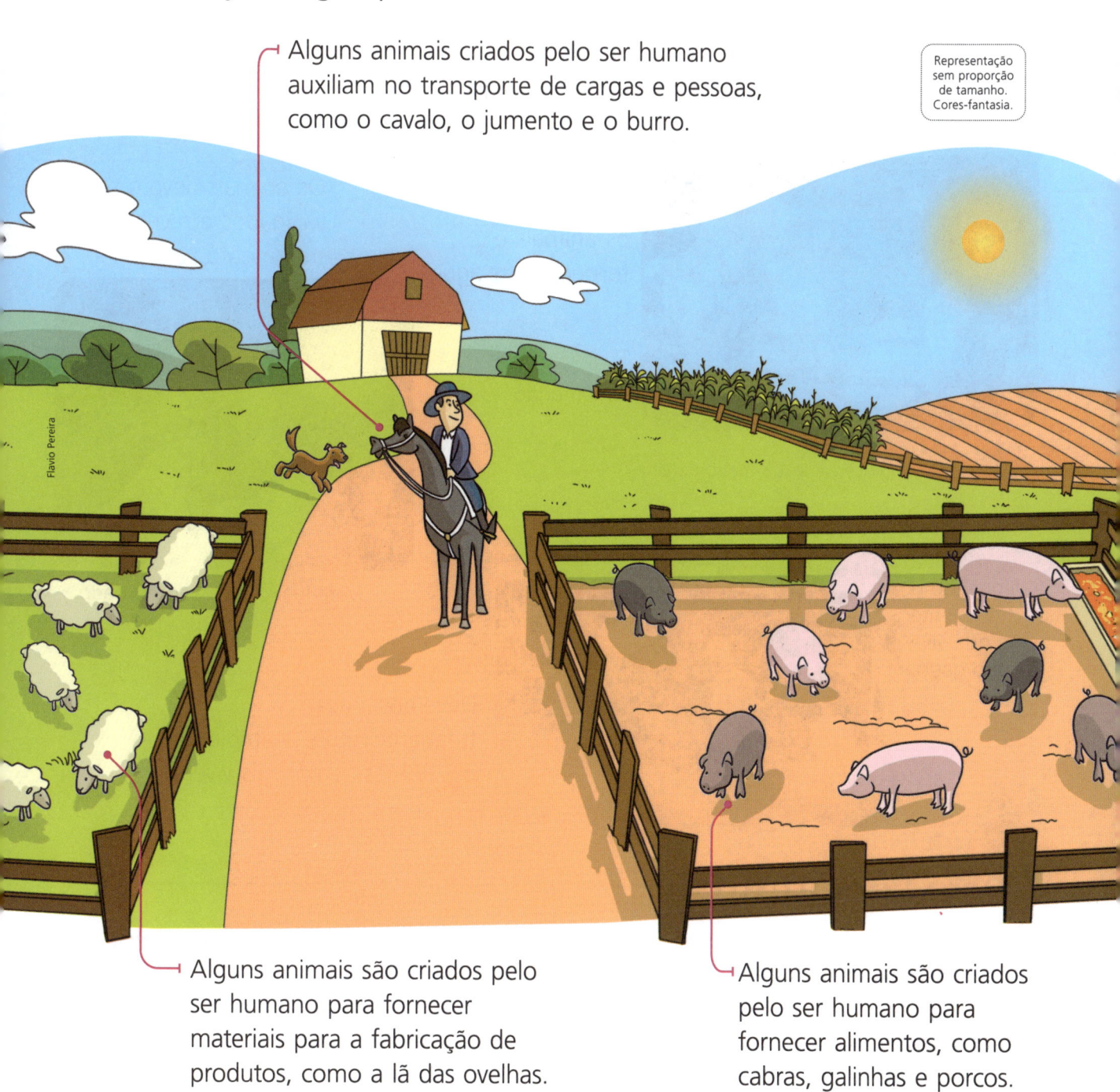

Alguns animais criados pelo ser humano auxiliam no transporte de cargas e pessoas, como o cavalo, o jumento e o burro.

Representação sem proporção de tamanho. Cores-fantasia.

Alguns animais são criados pelo ser humano para fornecer materiais para a fabricação de produtos, como a lã das ovelhas.

Alguns animais são criados pelo ser humano para fornecer alimentos, como cabras, galinhas e porcos.

Divirta-se e aprenda

Animal misterioso

Dica 4: é um animal criado pelo ser humano para auxiliar no transporte de pessoas e objetos.

Cento e quinze **115**

Cuidados com os animais criados pelo ser humano

Bruno cria diferentes animais em seu sítio. Ele sabe que é preciso ter alguns cuidados com esses animais para que eles estejam sempre saudáveis. Veja a seguir alguns desses cuidados.

Diariamente, devemos alimentar os animais e fornecer-lhes água.

Os animais devem ser vacinados e receber tratamento veterinário.

Gado se alimentando.

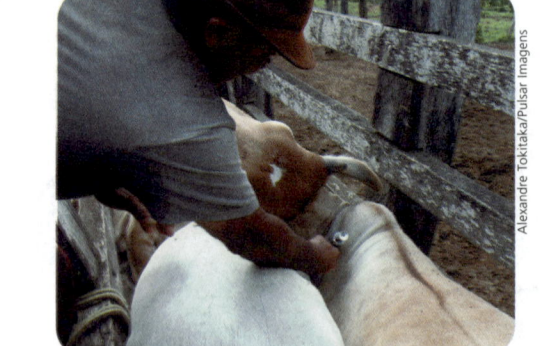

Gado: pode atingir cerca de 1,3 metro de altura.

Pessoa limpando o ambiente em que vive o gado.

Veterinário vacinando o gado.

Imagens sem proporção entre si.

Devemos limpar frequentemente o ambiente em que esses animais vivem.

Para fazer juntos!

O abandono de animais é crime! Muitas pessoas, porém, ainda abandonam seus animais de estimação.

- Reúna-se com quatro colegas e conversem sobre o que pode acontecer com um animal quando ele é abandonado.

Divirta-se e aprenda

Animal misterioso

Você já sabe o nome do animal misterioso? Que animal é esse?

Por dentro do tema

Educação ambiental

Tráfico de animais silvestres

> **Pássaros são apreendidos em operação contra tráfico de animais silvestres**
>
> Pássaros são apreendidos em operação contra tráfico de animais silvestres. *G1*, Minas Gerais, 7 out. 2017. Disponível em: <https://g1.globo.com/minas-gerais/noticia/passaros-sao-apreendidos-em-operacao-contra-trafico-de-animais-silvestres.ghtml>. Acesso em: 23 out. 2017.

Infelizmente, notícias como as da manchete acima são comuns no Brasil. Embora os animais silvestres devam ser mantidos em seus ambientes naturais, muitos deles são capturados e vendidos para serem criados pelo ser humano.

Essa atividade é conhecida como **tráfico de animais silvestres** e é considerada crime. Durante a captura e o transporte, geralmente, esses animais sofrem maus-tratos e muitos acabam morrendo.

O crime de tráfico de animais silvestres é cometido não apenas por quem captura os animais, mas também por quem vende e por quem compra esses animais.

a. Converse com os colegas sobre a mensagem do cartaz ao lado.

b. Por que quem compra animais silvestres também contribui para o tráfico desses animais?

Cartaz para campanha contra o tráfico de animais silvestres.

Pratique e aprenda

1. Pinte o quadrinho de cada imagem de acordo com a legenda a seguir.

🔵 Animais criados pelo ser humano.

🟢 Animais silvestres.

Porco: pode atingir cerca de 2 metros de comprimento.

Porco.

Hipopótamo: pode atingir cerca de 4 metros de comprimento.

Hipopótamo.

Galinha: pode atingir cerca de 70 centímetros de comprimento.

Galinha.

Hiena: pode atingir cerca de 1,6 metro de comprimento.

Hiena.

Cascavel: pode atingir cerca de 1,5 metro de comprimento.

Cascavel.

Cachorro: pode atingir cerca de 86 centímetros de altura.

Cachorro.

2. Paula e sua família acabaram de adotar Lilica, uma cadela que estava abandonada na rua.

a. Escreva o cuidado apresentado em cada imagem e ajude Paula a conhecer alguns dos cuidados que ela deve ter com Lilica.

Paula e sua família com Lilica.

Representações sem proporção de tamanho. Cores-fantasia.

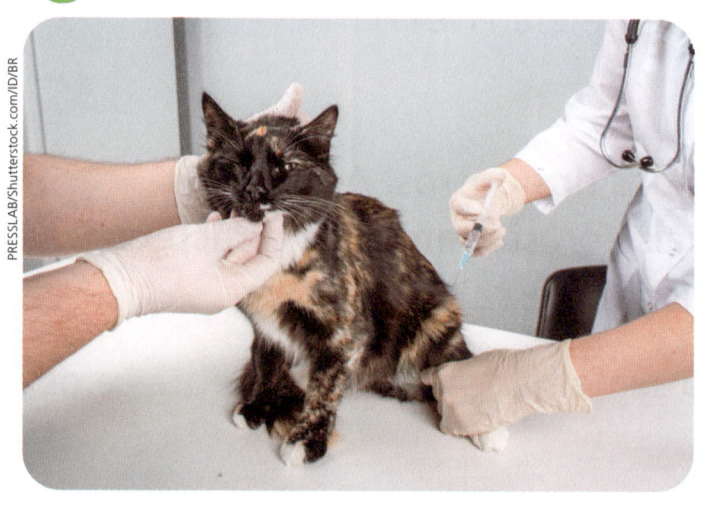

A

B

C

Cento e dezenove **119**

b. Qual é a importância da atitude de Paula de adotar um animal de estimação?

_____

_____

c. Quais dos cuidados citados nessa atividade você costuma ter com seu animal de estimação?

_____

_____

_____

Ponto de chegada

1. Com a ajuda do professor e dos colegas, façam uma pesquisa sobre os seguintes animais: sapo, peixe, cavalo, sabiá. Para cada um desses animais, respondam às questões a seguir, organizando as informações em um quadro.

    - Qual é o formato do corpo?
    - Como é a cobertura do corpo?
    - Em que ambiente ele vive: aquático ou terrestre?
    - Em que local desse ambiente ele vive?
    - Como ele se locomove?

2. Os animais são diferentes uns dos outros. Apesar das diferenças, todos os animais apresentam uma característica em comum. Que característica é essa?

3. Cite uma diferença e uma semelhança entre as plantas e os animais.

unidade

7 Objetos e seus materiais

Composição com diversos objetos.

Ponto de partida

1. Que objetos estão apresentados nas imagens?

2. Observando esses objetos, você se lembra de alguma situação que ocorre em seu dia a dia? Qual é essa situação?

3. Escolha três objetos e cite um material de que cada um deles é feito.

Objetos do dia a dia

Para continuar o estudo sobre objetos, você e sua turma participarão da brincadeira a seguir. Leia as instruções com atenção e divirta-se!

Divirta-se e aprenda

Com o professor e os colegas, organize a turma em dois grupos.

O professor vai dizer o nome de um material e, em seguida, cada grupo deverá anotar, em uma folha de papel sulfite, o maior número de objetos que lembrar feitos principalmente com esse material.

Vocês terão 30 segundos para escrever o nome desses objetos. Vence o grupo que anotar a maior quantidade de palavras.

Em nosso dia a dia, entramos em contato com vários objetos que facilitam as atividades que realizamos. Esses objetos são feitos de diferentes materiais, como papel, vidro, plástico, metais e madeira.

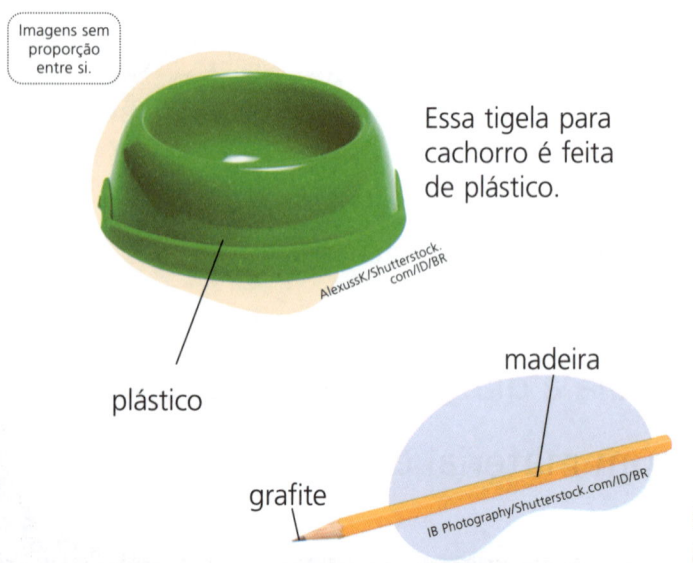

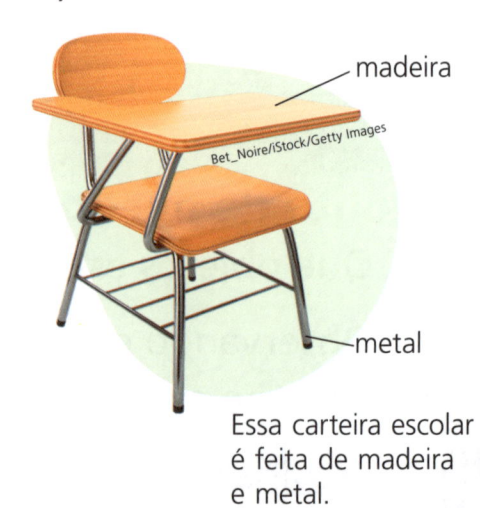

Essa tigela para cachorro é feita de plástico.

plástico

madeira

grafite

Esse lápis é feito de madeira e grafite.

madeira

metal

Essa carteira escolar é feita de madeira e metal.

Alguns objetos que têm a mesma utilidade podem ser fabricados com diferentes materiais. Veja os exemplos abaixo.

Imagens sem proporção entre si.

Existem copos feitos de vidro, de plástico e de metal, entre outros materiais.

Copo de vidro.

Copo de plástico.

Copo de metal.

Existem sacolas feitas de plástico, de tecido e de papel, entre outros materiais.

Sacola de plástico.

Sacola de tecido.

Sacola de papel.

1. Pense em um objeto que você utiliza em seu cotidiano. Se você pudesse fabricar esse objeto, quais materiais você utilizaria?

2. Por que você escolheu os materiais citados na questão anterior?

3. Cite dois objetos que você utilizou hoje. Qual é a origem dos materiais dos quais eles são feitos?

Veja a seguir a origem dos materiais presentes em alguns objetos que utilizamos em nosso cotidiano.

Imagens sem proporção entre si.

O couro pode ser obtido de alguns animais, como o boi.

O couro é um material resistente e flexível, utilizado para a confecção de carteiras, bolsas, cintos e roupas.

Coleira de couro.

A borracha natural é obtida do látex, um material extraído da seringueira.

O látex passa por um tratamento e se torna um material maleável, fácil de moldar e resistente.

Ele pode ser utilizado na fabricação de luvas e pneus, por exemplo.

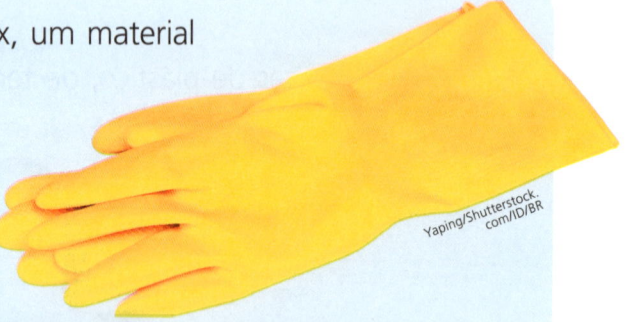

Luvas de borracha.

O vidro é feito de areia.

O vidro é um material duro, transparente e que resiste ao aquecimento, até determinada temperatura.

Por causa dessas características, ele é usado na fabricação de diversos objetos, como copos, jarras, travessas, portas, mesas, entre outros.

Jarra de vidro.

Imagens sem proporção entre si.

O plástico é feito a partir do petróleo.

O plástico é um material maleável, que pode facilmente ser moldado e assumir diferentes formas.

Ele é empregado na fabricação de diversos objetos, como potes, sacolas e partes plásticas de equipamentos eletrônicos, como televisores e computadores.

Pote de plástico.

O papel é feito a partir da madeira de algumas árvores, como o pinus e o eucalipto.

O papel tem os mais diversos usos. Por se decompor mais facilmente que o plástico, é uma alternativa para embalagens.

O papel é um material opaco, no qual é possível escrever, desenhar e imprimir informações.

Saco de papel.

Os metais são obtidos de componentes do solo ou de rochas.

O metal é um material duro e resistente, que facilita a transferência de calor e suporta altas temperaturas.

Por isso, é empregado em objetos que costumam ser aquecidos, como panelas.

Também é usado na fabricação de garfos, facas, colheres, entre outros.

Panela de metal.

4. Agora, explique como esses objetos são utilizados.

Por dentro do tema

Educação ambiental

O plástico

Você já parou para pensar em quantos objetos são feitos de plástico? E quantos desses objetos usamos uma vez e jogamos fora?

O plástico é um dos materiais mais utilizados atualmente na fabricação de produtos, pois é um material fácil de moldar.

O problema é que alguns tipos de plástico podem demorar mais de cem anos para se decompor no ambiente.

Por isso, devemos ser consumidores conscientes, tendo atitudes que reduzem o uso de plástico, como:

- avaliar se realmente precisamos comprar um novo produto;
- utilizar ao máximo os produtos que já temos;
- reutilizar objetos que podem ter outras utilidades, em vez de descartá-los no ambiente.

Horta feita com a reutilização de garrafas plásticas.

Processo de construção de horta com garrafa.

• Pense no seu dia a dia. Como você poderia reduzir o consumo de plástico em sua residência?

Do que eram feitos os objetos do passado

5. Você acha que os objetos que utilizamos em nosso cotidiano sempre foram como os conhecemos atualmente?

Ao refletir sobre a questão anterior, você deve ter percebido que, no passado, muitos objetos do nosso cotidiano eram fabricados com materiais diferentes dos utilizados hoje. Isso porque, com o tempo, novas tecnologias foram surgindo e esses objetos foram sendo aperfeiçoados.

Conheça a seguir como eram alguns objetos no passado e como eles são atualmente.

Imagens sem proporção entre si.

Vamos valorizar

Conhecer a evolução dos materiais e objetos contribui para percebermos a importância do conhecimento científico e que ele é construído ao longo do tempo.

No século 17, surgiu o ferro de passar roupas a brasa. Ele era feito de metal com cabo de madeira. Dentro dele era colocada brasa, que aquecia o metal.

Ferro de passar roupas a brasa.

Os primeiros ferros de passar roupas elétricos sugiram por volta de 1882.

Os modelos atuais têm uma parte metálica, que é passada sobre a roupa para alisá-la, e um revestimento plástico, às vezes com reservatório para água, além de um cabo. Eles funcionam com o uso de energia elétrica.

Ferro de passar roupas elétrico.

6. Será que em todos os locais do Brasil as pessoas têm acesso à energia elétrica? Converse com um colega sobre esse assunto.

No passado, as canetas eram do tipo tinteiro. Este modelo foi usado até o início do século 19. Para escrever, molhava-se a ponta da caneta em um tinteiro. A tinta era liberada durante a escrita.

Imagens sem proporção entre si.

Caneta-tinteiro.

A primeira caneta esferográfica surgiu por volta de 1938. Atualmente, a maioria das canetas é feita de plástico, com uma esfera metálica na ponta e uma carga de tinta em seu interior.

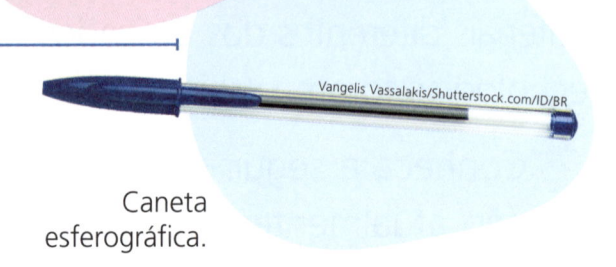

Caneta esferográfica.

7. Você conhece algum objeto que era fabricado de maneira diferente da que conhecemos hoje? Conte aos colegas.

E as pesquisas continuam...

Leia o trecho da reportagem abaixo.

Grafeno, o material que pode revolucionar a medicina

[...]

Mais duro que o aço, mais leve que uma pluma e bem mais fino que um fio de cabelo. Graças a esses predicados, o grafeno vem sendo usado com versatilidade pela indústria. [...]

Grafeno, o material que pode revolucionar a medicina, de André Bernardo. *Revista Saúde*, São Paulo, 18 dez. 2016. Disponível em: <https://saude.abril.com.br/medicina/grafeno-o-material-que-pode-revolucionar-a-medicina/>. Acesso em: 3 nov. 2017.

Ao ler a manchete anterior, podemos notar que as pesquisas científicas para o desenvolvimento de novos materiais não param por aí. Sempre surgem novos desafios que estimulam os cientistas a encontrarem soluções. Em pouco tempo, os resultados dessas pesquisas podem estar presentes em nosso dia a dia.

predicados: características
versatilidade: no sentido do texto, que pode ser usado de diversas maneiras

Pratique e aprenda

1. Observe a pintura do artista holandês Vincent van Gogh (1853-1890).

a. O que você percebe e sente ao observar essa obra de arte?

_____

_____

_____

_____

O Quarto, de Vincent van Gogh. Óleo sobre tela, 72 cm x 90 cm. 1888.

b. Anote no quadro abaixo três objetos que foram retratados na pintura e escreva os materiais de que eles provavelmente eram feitos na época.

Objeto	Material do que era feito

c. Os objetos que você citou no item anterior podem ser feitos de outros materiais? Escreva esses objetos e os materiais de que podem ser feitos.

Objeto 1: _____

Objeto 2: _____

Objeto 3: _____

2. Ligue cada travessa mostrada nas fotos abaixo ao material com que cada uma delas foi fabricado.

Imagens sem proporção entre si.

a

b

c

madeira   argila   vidro

3. Romildo foi ao supermercado. Em vez de usar as sacolas plásticas oferecidas no local, ele colocou suas compras em um carrinho de feira.

- Marque um **X** nas sentenças corretas sobre essa situação.

Romildo fazendo compras.

◯ O carrinho de feira só pode ser utilizado uma vez.

◯ Romildo poderá utilizar seu carrinho de feira várias vezes, ou seja, ele poderá carregar várias compras.

◯ Utilizando o carrinho de feira, Romildo não precisa colocar suas compras em sacolas plásticas.

◯ Utilizando o carrinho de feira, Romildo está contribuindo para conservar o ambiente.

4. Veja a situação ao lado.

a. Quais são os materiais geralmente utilizados para fabricar panelas?

_____

_____

_____

_____

Pessoa cozinhando.

b. Por que não se utiliza plástico para fabricar panelas?

_____

_____

5. Contorne o objeto que é feito com mais de um material.

Imagens sem proporção entre si.

Borracha.

Frigideira.

Jarra.

Colher.

Prego.

Vaso.

Cento e trinta e um 131

Fabricação dos produtos

Produtos artesanais

Observe a foto a seguir.

1. De que maneira essa pessoa está produzindo o vaso?

Vamos partilhar

Conhecer as atividades realizadas e os materiais utilizados por um artesão nos ajuda a valorizar essa profissão.

Artesão produzindo um vaso de argila em Barra Bonita, São Paulo, em 2016.

A pessoa que aparece nessa foto está confeccionando um vaso de argila. Para isso, ela está moldando a argila manualmente, até ela ficar com o formato de um vaso.

Essa pessoa é conhecida como artesão, pois transforma manualmente uma matéria-prima (a argila) em um produto (o vaso), por meio de técnicas e de algumas ferramentas.

O vaso que esse artesão produz é chamado **produto artesanal**.

Os artesãos geralmente utilizam diversos materiais para criar seus produtos, como argila, madeira, fibras de algumas plantas, tecidos, areia, entre outros.

Produtos industrializados

Observe os lápis que você utiliza na escola. Em seguida, compare com os de alguns colegas.

💬 **2.** Você encontrou algum lápis semelhante ao seu?

💬 **3.** Em sua opinião, o lápis que você está utilizando foi produzido manualmente ou em uma indústria?

Muitos produtos que utilizamos no dia a dia são fabricados por meio de processos industriais. Esses processos envolvem a utilização de máquinas e equipamentos modernos para transformar materiais em produtos.

Em geral, os processos industriais possibilitam a produção de grande quantidade de produtos em curto período de tempo.

Os produtos fabricados por meio de processos industriais são chamados **industrializados**.

Automóveis, canetas, computadores, cadernos, lâmpadas e muitos alimentos são exemplos de produtos industrializados.

Indústria de móveis em Arapongas, Paraná, em 2017.

Por dentro do tema

Educação ambiental

As indústrias e o ambiente

Justiça condena 24 empresas do Polo Industrial de Cubatão, SP, por poluição ambiental

Justiça condena 24 empresas do Polo Industrial de Cubatão, SP, por poluição ambiental. *G1*, São Paulo, 24 set. 2017. Disponível em: <https://g1.globo.com/sp/santos-regiao/noticia/justica-condena-24-empresas-do-polo-industrial-de-cubatao-sp-por-poluicao-ambiental.ghtml>. Acesso em: 3 nov. 2017.

Manchetes como essa são comuns em diversos jornais atualmente. Durante a fabricação de produtos, algumas indústrias podem lançar resíduos no ambiente que poluem o ar, o solo e a água dos rios, lagos e mares. Isso prejudica o ambiente e os seres que vivem nele.

Existem medidas que ajudam a evitar ou reduzir a poluição causada pelas indústrias. No entanto, muitas indústrias não adotam essas medidas.

Para reduzir esse problema, é necessário maior conscientização pelos donos de indústrias, leis mais rígidas e maior fiscalização pelos governantes para que essas leis sejam cumpridas.

- De que maneira a população pode auxiliar no combate a esse tipo de dano aos ambientes?

Indústria de açúcar em Vista Alegre do Alto, São Paulo, em 2016.

Os produtos industrializados são fabricados a partir de diversos materiais, como ferro, aço, plástico, argila e madeira. Veja dois exemplos.

Imagens sem proporção entre si.

Extração de argila.

Toras de árvores.

Fabricação de tijolos.

Produção da pasta que dará origem ao papel.

Tijolos sendo transportados para uma construção.

Bobinas de papéis.

Por dentro do tema

Educação financeira

Economizar dinheiro

Gabriela comprou patins novos. Ela ganhava dinheiro de seus pais, avós e tios e gastava um pouco comprando somente aquilo de que precisava, como lanche e alguns materiais escolares. Com isso, ela guardava o restante do dinheiro, pois tinha o objetivo de comprar um par de patins.

Após alguns meses, Gabriela conseguiu comprar seus patins e também os equipamentos de segurança.

Comprar somente aquilo de que necessitamos e guardar o restante do dinheiro é essencial para economizarmos. Quando economizamos dinheiro, conseguimos, por exemplo, comprar um lanche ou fazer um passeio.

Ao evitar comprar objetos desnecessários, além de economizar dinheiro, estamos contribuindo com a conservação do ambiente. Isso porque evitamos que mais resíduos sejam descartados no ambiente e mais materiais sejam retirados da natureza.

a. Você acha importante economizarmos dinheiro para algum objetivo ou comprar algo que planejamos? Por quê?

b. Quais atitudes você tem em seu dia a dia que contribuem para economizar dinheiro?

Gabriela andando com seus patins.

Pratique e aprenda

1. Destaque os **adesivos** da página **171**. Depois, cole a imagem de cada objeto e a do material do qual ele é feito nos locais adequados.

Imagens sem proporção entre si.

Objeto	Material do qual ele é feito
Cole aqui o **adesivo** do objeto.	Cole aqui o **adesivo** do material do qual é feito o objeto ao lado.
Cole aqui o **adesivo** do objeto.	Cole aqui o **adesivo** do material do qual é feito o objeto ao lado.
Cole aqui o **adesivo** do objeto.	Cole aqui o **adesivo** do material do qual é feito o objeto ao lado.

Cento e trinta e sete **137**

2. A arte marajoara corresponde ao conjunto de objetos produzidos por antigos habitantes da Ilha de Marajó, no Pará, entre 400 e 1400. São considerados os mais antigos objetos de cerâmica confeccionados no Brasil. A cerâmica é produzida utilizando argila.

Imagens sem proporção entre si.

Fragmentos de objetos de cerâmica que fazem parte da arte marajoara, no Museu do Marajó, em Cachoeira do Arari, Pará, em 2012.

Entre os objetos que fazem parte da arte marajoara, podemos citar vasilhas, potes, estátuas e chocalhos. A cerâmica marajoara, preservada ao longo do tempo, reconstrói a história da civilização marajoara e mostra a riqueza de sua cultura.

Atualmente, diversos artistas fazem réplicas de objetos dessa arte e as comercializam.

Artesanato de barro no distrito de Icoaraci, em Belém, Pará, em 2013.

- Pesquise em livros e na internet os principais materiais que eram utilizados pelos habitantes da Ilha de Marajó na fabricação dos objetos que fazem parte da arte marajoara.

3. Observando as datas de fabricação e de validade, se hoje fosse dia 5 de janeiro de 2018, qual desses produtos estaria adequado para ser consumido? Marque um **X** nesse produto.

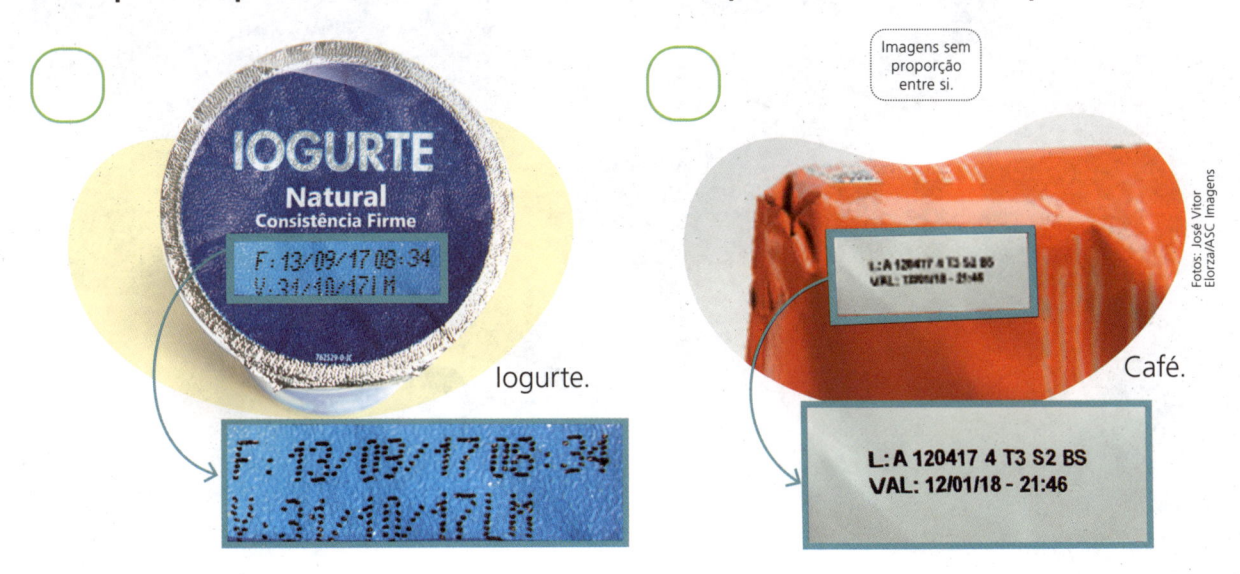

Iogurte.

F: 13/09/17 08:34
V: 31/10/17 LM

Café.

L: A 120417 4 T3 S2 BS
VAL: 12/01/18 - 21:46

a. Por que o alimento em que você não marcou um **X** não está apropriado para o consumo?

_____

_____

b. Esses alimentos são artesanais ou industrializados?

_____

Ponto de chegada

- Anote no caderno o nome de três objetos que existem em sua residência ou na escola. Agora, responda às questões a seguir, relacionadas a cada um deles.

    › Qual é a função do objeto?

    › De quais materiais ele é feito?

    › Ele pode ser feito de outro material? Em caso positivo, cite-o.

    › Esse objeto era feito com outros materiais no passado?

    › Esse objeto é fabricado artesanalmente ou em uma indústria?

unidade 8
Prevenção de acidentes

Teste de colisão realizado em um automóvel.

Ponto de partida

1. Você já ouviu falar em teste de colisão? Qual é a importância desse teste?

2. Por que é importante usar o cinto de segurança?

3. Que acidentes são mais frequentes no dia a dia? É possível evitá-los?

4. Durante as brincadeiras que realiza no dia a dia, você costuma ter algum cuidado que ajuda a evitar acidentes? Conte aos colegas.

Cuidados em nosso cotidiano

Observe o trecho da história em quadrinhos a seguir.

Turma da Mônica em: Dormindo na casa do Dudu, de Mauricio de Sousa. *Magali*. São Paulo, Panini, n. 81, p. 46, set. 2013.

[...]

💬 **1.** O que aconteceu com Magali na história acima?

💬 **2.** Como a situação vivenciada por Magali poderia ser evitada?

Algumas situações do nosso dia a dia podem favorecer a ocorrência de acidentes, como aconteceu com Magali. Porém, muitos deles podem ser evitados com algumas atitudes. É sobre esse assunto que vamos estudar nesta unidade.

Veja a seguir alguns cuidados que a família de Carina tem para evitar acidentes.

Objetos feitos de vidro podem se quebrar ao cair no chão. Por isso, as crianças utilizam copos e pratos de plástico.

Quando um vidro quebra, são os adultos que limpam o local.

Somente os adultos manipulam objetos pontiagudos ou cortantes, como facas, agulhas, pregos e tesouras.

Representação sem proporção de tamanho. Cores-fantasia.

As crianças não se aproximam do fogão quando ele está sendo utilizado, pois elas podem se queimar.

Sempre que uma criança precisa de um objeto que está guardado no alto, ela chama um adulto. Assim, as crianças nunca sobem em cadeiras ou móveis, evitando cair.

3. Contorne os cuidados que sua família também costuma ter.

4. Você considera que sua família precisa incluir alguns desses cuidados em sua rotina? Em caso positivo, sublinhe-os.

Os produtos de limpeza e medicamentos ficam guardados longe do alcance das crianças. Produtos de limpeza e medicamentos podem ser perigosos. Não devemos tocá-los, ingeri-los ou cheirá-los.

Vamos colaborar

Quando recolhemos os brinquedos que espalhamos, estamos agindo com responsabilidade, pensando também nas outras pessoas que frequentam o local.

Alguns produtos, como o álcool, pegam fogo facilmente e podem causar acidentes graves. Por isso, somente um adulto deve manipular esses tipos de produtos.

Após as brincadeiras, Carina recolhe os brinquedos do chão, para que ninguém tropece e caia.

Nem todas as plantas são comestíveis, como aquelas que fazem parte da nossa alimentação. Por isso, na casa de Carina as crianças não ingerem plantas que não foram ofertadas por um adulto.

Rivaldo Barboza

Por dentro do tema

Trânsito

Cuidados no trânsito

Leia o trecho da história em quadrinhos a seguir.

[...]

— QUE BONITO! ONDE VOCÊ APRENDEU QUE DEVEMOS ATRAVESSAR A RUA NA FAIXA DE SEGURANÇA?
— MEU PAI QUEM FALOU!

— POIS ELE ESTÁ CERTO!
— ESSE É UM DOS CUIDADOS QUE DEVEMOS TOMAR, COMO PEDESTRES!
— TEM MAIS?

CLARO! DEVEMOS RESPEITAR PLACAS, FAIXAS, SINALIZAÇÕES, E O ADULTO SEGURAR NO PULSO DA CRIANÇA AO ATRAVESSAR A RUA...

RESPEITAR OS SEMÁFOROS...

PEDIR ORIENTAÇÃO DE POLICIAIS OU GUARDAS DE TRÂNSITO QUANDO TIVERMOS DÚVIDAS...

SE POSSÍVEL, EVITAR ANDAR DESACOMPANHADO DE ADULTO EM LOCAIS DE GRANDE MOVIMENTO...

RESPEITAR E DAR PREFERÊNCIA A DEFICIENTES...

EVITAR BRINCADEIRAS OU JOGOS PRÓXIMOS ÀS VIAS PÚBLICAS...

[...]

Turma da Mônica, de Maurício de Sousa. *A turma da Mônica: educação no trânsito não tem idade.* 2017. p. 5. Disponível em: <http://turmadamonica.uol.com.br/educacaonotransito/>. Acesso em: 11 dez. 2017.

Na história em quadrinhos da página ao lado, o guarda de trânsito explica ao Cascão e ao Cebolinha os cuidados que eles devem ter como pedestres no trânsito.

a. Você, como pedestre, segue os cuidados apresentados na história em quadrinhos?

No trânsito, as crianças devem seguir os cuidados referentes aos pedestres e passageiros, mas podem alertar os pais ou responsáveis sobre os cuidados que eles devem ter como motoristas. Veja alguns desses cuidados a seguir.

Flavio Pereira

Representação sem proporção de tamanho. Cores-fantasia.

Não efetuar a ultrapassagem em trecho que não é permitido.

Transportar crianças com idade inferior a 10 anos no banco de trás do carro.

Tanto o motorista quanto os passageiros devem utilizar o cinto de segurança.

Não ultrapassar o limite de velocidade indicado nas placas de trânsito.

Respeitar os semáforos e as faixas de pedestres.

b. Pergunte a um motorista que você conhece se ele segue esses e outros cuidados de trânsito enquanto dirige.

c. Para você, qual é a importância de seguirmos os cuidados no trânsito?

d. Você conhece outro cuidado que devemos ter no trânsito? Converse com os colegas sobre esse assunto.

Pratique e aprenda

1. Leia a tira abaixo.

> O QUE TEM NESSA PANELA?
>
> AAHH!
>
> PODIA TER ACONTECIDO!

Armandinho zero, de Alexandre Beck. Florianópolis: A. C. Beck, 2013. p. 15.

a. Circule no primeiro quadro da tira o que está errado e poderia causar acidentes. Em seguida, converse com os colegas sobre como essa situação pode ser corrigida.

b. O que você acha que poderia ter acontecido com o Armandinho?

_____

_____

2. Marque um X nos objetos que não devem ser manipulados por crianças.

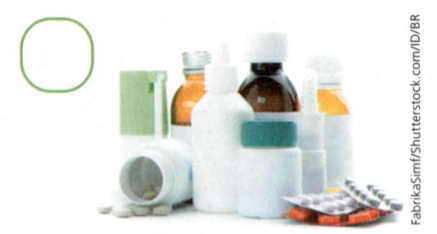

Imagens sem proporção entre si.

Medicamentos.

Bola.

Tesoura com ponta.

Boneca.

Fogão.

Copo plástico.

3. Sempre que Fábio termina de brincar, ele ajuda seus pais a organizar o ambiente e guarda os brinquedos dentro de uma caixa.

Fábio guardando os brinquedos.

a. Você acha importante a atitude de Fábio? Por quê?

_____
_____
_____
_____

b. Você também ajuda nas tarefas de casa? Desenhe e escreva em seu caderno de que maneira você faz isso.

4. O tio de Diego deixou um copo de vidro cair no chão.

a. Você acha que os cacos de vidro podem causar acidentes?

_____
_____
_____

Copo de vidro quebrado.

Imagem sem proporção de tamanho.

b. O que o tio de Diego deve fazer com os cacos de vidro?

_____
_____
_____
_____

5. A mãe de Manuela foi ao mercado e comprou alguns produtos de limpeza. Veja na foto ao lado.

a. Marque um **X** na alternativa que apresenta o local mais adequado para o armazenamento desses produtos.

Produtos comprados pela mãe de Manuela.

◯ Em um local ao alcance de todos, inclusive de crianças.

◯ Em um local alto, longe do alcance de crianças.

b. Agora, justifique sua escolha.

_____

_____

6. Veja os objetos.

Vela acesa.

Ferro de passar roupas ligado.

Imagens sem proporção entre si.

a. Qual é o principal tipo de acidente que esses objetos podem causar?

_____

b. Como esse tipo de acidente poderia ser evitado?

_____

_____

_____

7. Veja a imagem ao lado.

a. Você acha que os ciclistas também devem ter cuidados no trânsito? Justifique sua resposta.

_____

_____

_____

_____

_____

_____

Ciclista em ciclovia na Avenida Paulista, no município de São Paulo, em 2017.

b. Trace o caminho que passa apenas pelos cuidados que os ciclistas devem ter no trânsito.

- Utilizar capacete.
- Utilizar a ciclovia.
- Respeitar as sinalizações de trânsito.
- Andar na calçada.
- Desrespeitar as leis de trânsito.
- Utilizar joelheiras e cotoveleiras.
- Andar em meio aos automóveis.

INÍCIO

FIM

8. Pedro e sua família vão viajar. Ajude a família de Pedro a agir com segurança ao longo do caminho. Para isso, marque um **X** nas alternativas corretas em cada situação.

◯ Criança sentada no banco da frente e motorista sem cinto de segurança.

◯ Carro andando a uma velocidade mínima de 60 km/h.

◯ Parar no semáforo.

◯ Motorista e passageiros utilizando o cinto de segurança.

◯ Carro andando a uma velocidade máxima de 60 km/h.

◯ Seguir em frente.

Representação sem proporção de tamanho. Cores-fantasia.

9. Contorne os cuidados que os pedestres devem ter no trânsito.

- ATRAVESSAR A RUA UTILIZANDO A FAIXA DE PEDESTRES.
- USAR O CINTO DE SEGURANÇA.
- OLHAR PARA OS DOIS LADOS ANTES DE ATRAVESSAR A RUA.
- RESPEITAR O LIMITE DE VELOCIDADE PERMITIDO.
- ATRAVESSAR A RODOVIA PELA PASSARELA.
- ANDAR NA CALÇADA.
- ANDAR NA CICLOVIA.

Cuidados com a energia elétrica

A mãe de Mário chamou um eletricista para resolver um problema elétrico em sua residência. Veja abaixo.

> VOU DESLIGAR A CHAVE GERAL DE ENERGIA ELÉTRICA DA RESIDÊNCIA PARA REPARAR OS FIOS ELÉTRICOS.

> POR QUE VOCÊ PRECISA DESLIGAR A CHAVE GERAL?

Eletricista e Mário conversando.

Representação sem proporção de tamanho. Cores-fantasia.

💬 **1.** Como você responderia à pergunta de Mário?

💬 **2.** Por que é necessário chamar um eletricista para fazer um reparo na instalação elétrica?

A energia elétrica faz parte do dia a dia da maioria das pessoas. Ela nos proporciona mais conforto e facilita a realização de diversas atividades. No entanto, a energia elétrica pode causar acidentes quando não é utilizada da maneira correta.

Entre esses acidentes estão os choques elétricos, que podem causar queimaduras e, dependendo da intensidade, até a morte.

Alguns cuidados com a energia elétrica ajudam a evitar os choques elétricos. Joaquim é engenheiro eletricista e foi até a escola do bairro apresentar aos alunos alguns desses cuidados.

Representação sem proporção de tamanho. Cores-fantasia.

- Soltar pipa longe da rede elétrica.

- Não colocar as mãos nem introduzir objetos nas tomadas.
- Utilizar protetores nas tomadas, principalmente se houver crianças na residência.

- Quando um adulto for trocar uma lâmpada, ele deve desligar o interruptor e não tocar na parte metálica.

152 Cento e cinquenta e dois

- Não tocar em fios elétricos nem em fios desencapados.
- As emendas de fios devem ser encapadas com fita isolante, por um eletricista.
- Fechar o registro do chuveiro antes de mudar a chave de temperatura.
- Ligar aparelhos elétricos somente com as mãos secas.

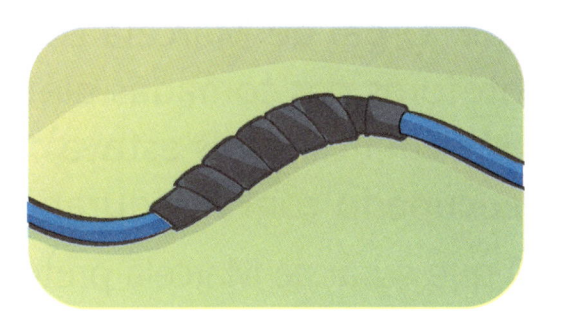

ESSES CUIDADOS NOS AJUDAM A EVITAR CHOQUES ELÉTRICOS.

Joaquim

Pratique e aprenda

1. Marcela tem 1 ano e 6 meses de idade. O pai de Marcela colocou protetores nas tomadas elétricas de sua residência, pois estava preocupado com a segurança da filha.

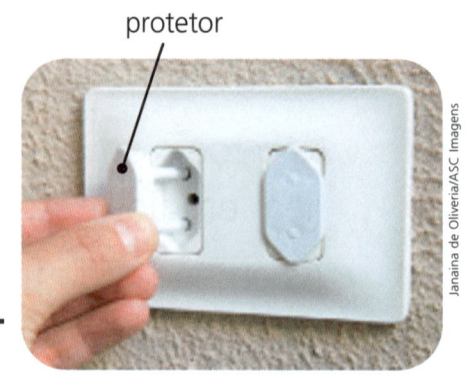

   protetor

   Pai de Marcela colocando protetores nas tomadas.

   - O que o pai de Marcela pretende evitar com essa atitude? Marque um **X** na alternativa correta.

   ◯ Evitar que a filha ligue aparelhos eletrônicos na tomada, tropece neles e caia.

   ◯ Evitar que a filha coloque os dedos ou outros objetos na tomada e leve um choque elétrico.

2. Durante um passeio com a mãe, Maria observou uma placa. Veja a seguir.

   Representação sem proporção de tamanho. Cores-fantasia.

   a. Como você responderia à pergunta de Maria?

   _____
   _____
   _____
   _____
   _____

   MAMÃE, O QUE SIGNIFICA ESSA PLACA?

   b. Você já viu uma placa semelhante à que aparece na cena de Maria e a mãe? Onde? Converse com os colegas sobre esse assunto.

3. Marque **V** para as alternativas que apresentam informações corretas e **F** para as alternativas que apresentam informações incorretas.

○ **a.** Podemos tocar em fios elétricos caídos, pois eles não estão ligados à rede elétrica.

○ **b.** Ao ligar/desligar um aparelho elétrico, devemos segurar no plugue da tomada, sem tocar na parte metálica.

○ **c.** Ao soltar pipas, devemos procurar um local em que não haja rede elétrica.

○ **d.** Podemos subir em postes da rede elétrica.

• Agora, reescreva em seu caderno as alternativas identificadas com **F**, corrigindo-as.

4. Ligue cada símbolo ao alerta que ela representa.

Cuidado! Cerca elétrica. Você pode levar um choque!

Cuidado! Piso molhado. Você pode escorregar!

Cuidado! Superfície quente. Você pode se queimar!

5. Rafael é eletricista e deve tomar alguns cuidados para consertar o chuveiro de sua residência.

a. Numere as ações abaixo, de **1** a **3**, na ordem correta em que Rafael deve realizá-las para consertar o chuveiro.

( ) Ligar a chave geral de energia elétrica da residência.

( ) Separar bem os fios e colocar fita isolante ao redor das emendas.

( ) Desligar a chave geral de energia elétrica.

b. Agora, ligue cada um dos cuidados abaixo à sua importância na prevenção de acidentes com energia elétrica.

NÃO UTILIZAR APARELHOS CELULARES ENQUANTO ESTÃO CARREGANDO.

MANTER OS FIOS ELÉTRICOS SEPARADOS E PROTEGIDOS COM FITA ISOLANTE.

EVITA UM CURTO-CIRCUITO, CASO OS FIOS SE APROXIMEM.

EVITA AQUECIMENTO EXCESSIVO DO APARELHO E POSSÍVEIS CHOQUES ELÉTRICOS.

Ponto de chegada

1. Pense na sua brincadeira favorita. Desenhe essa brincadeira em seu caderno e resolva as questões a seguir.

- Identifique possíveis riscos associados a essa brincadeira e os escreva de um lado do seu desenho.

- Proponha cuidados que ajudem a eliminar esses riscos ou evitá-los e os escreva do outro lado do desenho.

2. Junte-se a um colega e observem o ambiente da escola. Conversem sobre os cuidados que vocês podem realizar no dia a dia e que ajudam a evitar acidentes nesse local.

GLOSSÁRIO

A

AGROTÓXICOS (P. 92) → PRODUTOS GERALMENTE UTILIZADOS EM PLANTAÇÕES QUE AJUDAM A PROTEGER AS PLANTAS CULTIVADAS DA AÇÃO DE OUTROS SERES VIVOS (PRAGAS) QUE PODEM PREJUDICAR O SEU DESENVOLVIMENTO. O AGROTÓXICO PODE CAUSAR DANOS AO AMBIENTE E À SAÚDE DO SER HUMANO. POR ISSO, DEVE SER UTILIZADO SOMENTE COM A ORIENTAÇÃO DE PROFISSIONAIS E COM O USO DE EQUIPAMENTOS ADEQUADOS.

APLICAÇÃO AÉREA DE AGROTÓXICOS EM PLANTAÇÃO DE MILHO EM RONDONÓPOLIS, MATO GROSSO, EM 2015.

B

BRASA (P. 127) → CARVÃO INCANDESCENTE, QUE NÃO APRESENTA CHAMAS. GERALMENTE UTILIZAMOS BRASA EM CHURRASCOS.

BRASA.

C

CARAPAÇAS (P. 106) → PARTE SUPERIOR DOS CASCOS DE ANIMAIS COMO TARTARUGAS E JABUTIS.

JABUTI-PIRANGA: PODE ATINGIR CERCA DE 50 CENTÍMETROS DE COMPRIMENTO.

JABUTI-PIRANGA.

COMUNIDADES QUILOMBOLAS (P. 67) → GRUPOS DE PESSOAS FORMADOS A PARTIR DOS QUILOMBOS, LOCAIS ONDE VIVIAM ESCRAVOS FUGIDOS.

CÓRREGO (P. 38) → CORPO DE ÁGUA CORRENTE DE PEQUENO PORTE QUE PODE DESAGUAR EM OUTRO CÓRREGO, EM UM RIO OU EM UM LAGO.

D

DRENAR (P. 33) → FAZER ESCOAR A ÁGUA QUE ESTÁ EM EXCESSO EM UM TERRENO POR MEIO DE TUBOS, VALAS E FOSSAS. A DRENAGEM TAMBÉM PODE SER FEITA EM VASOS, POR EXEMPLO, POR MEIO DOS FUROS LOCALIZADOS NA PARTE INFERIOR DO RECIPIENTE.

DRENAGEM DE SOLO EM PETROLINA, PERNAMBUCO, EM 2010.

E

ESCAMAS (P. 106) → ESTRUTURAS QUE REVESTEM O CORPO DE CERTOS ANIMAIS, COMO ALGUNS PEIXES E SERPENTES. AS ESCAMAS AUXILIAM NA PROTEÇÃO DO CORPO DESSES ANIMAIS.

PIRARUCU: PODE ATINGIR CERCA DE 2 METROS DE COMPRIMENTO.

PIRARUCU.

ESCAMAS

ESGOTO (P. 38) → ÁGUA PROVENIENTE DE ATIVIDADES HUMANAS, COMO BANHO, LAVAGEM DE LOUÇA E DESCARGA DOS VASOS SANITÁRIOS. O ESGOTO PRODUZIDO NAS RESIDÊNCIAS PODE CONTER DETERGENTE, GORDURA, FEZES, URINA.

RUA COM ESGOTO A CÉU ABERTO EM JOÃO CÂMARA, RIO GRANDE DO NORTE, EM 2017.

EXTINÇÃO (P. 16) → DESAPARECIMENTO DE ESPÉCIES DE SERES VIVOS DE UM AMBIENTE. EXISTEM DIVERSOS FATORES QUE PODEM PROVOCAR A EXTINÇÃO. ENTRE ELES, PODEMOS DESTACAR A CAÇA INDISCRIMINADA E A DESTRUIÇÃO DOS AMBIENTES.

G

GAMETAS (P. 73) → CÉLULAS RELACIONADAS À REPRODUÇÃO DE ALGUNS SERES VIVOS. OS GAMETAS TAMBÉM SÃO CHAMADOS CÉLULAS REPRODUTORAS OU CÉLULAS SEXUAIS.

GERMINAÇÃO (P. 75) → PROCESSO NO QUAL A SEMENTE SE DESENVOLVE E DÁ ORIGEM A UMA NOVA PLANTA. PARA QUE A GERMINAÇÃO OCORRA É NECESSÁRIO QUE A SEMENTE ENCONTRE CONDIÇÕES ADEQUADAS, COMO ÁGUA, TEMPERATURA E GÁS OXIGÊNIO.

FEIJÃO-DA-ESPANHA: PODE ATINGIR CERCA DE 3 METROS DE ALTURA.

SEMENTE DE FEIJÃO-DA-ESPANHA GERMINANDO.

GRAFENO (P. 128) → MATERIAL MAIS RESISTENTE QUE O AÇO, COMPOSTO, BASICAMENTE, DE CARBONO.

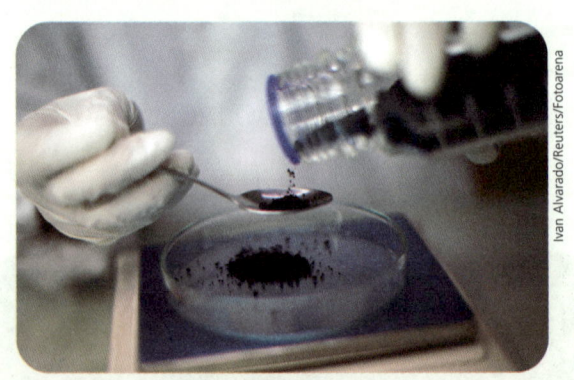

CIENTISTA MANIPULANDO GRAFENO.

O

OPACO (P. 52) → OBJETO QUE NÃO PERMITE A PASSAGEM DE LUZ ATRAVÉS DELE, POR EXEMPLO, A MADEIRA.

P

PARASITAS (P. 105) → AQUELES QUE ABSORVEM OS NUTRIENTES E A ENERGIA DE QUE NECESSITAM DE OUTROS ORGANISMOS, CAUSANDO-LHES DANOS. A LOMBRIGA É UM EXEMPLO DE PARASITA QUE VIVE NO INTERIOR DO CORPO DO SER HUMANO E CAUSA UMA DOENÇA CONHECIDA COMO ASCARIDÍASE.

PLANAR (P. 103) → SUSTENTAR-SE NO AR SEM MOVIMENTO. NO CASO DAS AVES, VOAR SEM BATER AS ASAS.

PLUMA (P. 128) → UM DOS TIPOS DE PENA ENCONTRADOS NAS AVES. GERALMENTE, AS PLUMAS SÃO OBSERVADAS NOS FILHOTES. ESSE TIPO DE PENA É MAIS LEVE E MAIS MACIO QUE AS OUTRAS PENAS.

PLUMA.

POLUÍDA (P. 38) → QUE TEVE SUAS CARACTERÍSTICAS NATURAIS ALTERADAS, PREJUDICANDO OS SERES VIVOS. A POLUIÇÃO PODE OCORRER NO SOLO, NA ÁGUA OU NO AR, POR EXEMPLO.

PRAGAS (P. 92) → ORGANISMOS INDESEJADOS QUE CAUSAM DANOS DIRETOS OU INDIRETOS NAS ATIVIDADES HUMANAS, COMO A AGRICULTURA. AS PRAGAS AGRÍCOLAS, POR EXEMPLO, PREJUDICAM O CRESCIMENTO DAS PLANTAS OU DESTROEM AS PLANTAÇÕES.

BROCA-DA-CANA: PODE ATINGIR CERCA DE 2 CENTÍMETROS DE ENVERGADURA.

A BROCA-DA-CANA DE AÇÚCAR É A PRINCIPAL PRAGA DA CANA-DE-AÇÚCAR.

R

REPRODUÇÃO (P. 32) → PROCESSO PELO QUAL OS SERES VIVOS DÃO ORIGEM A NOVOS SERES VIVOS.

S

SOLO (P. 9) → O SOLO É A SUPERFÍCIE ONDE PISAMOS, PLANTAMOS E CONSTRUÍMOS, COMPOSTO DE MATÉRIA ORGÂNICA EM DECOMPOSIÇÃO E MINERAIS.

T

TERRENOS BALDIOS (P. 93) → TERRENOS ABANDONADOS, SEM UTILIZAÇÃO.

TRANSPIRAÇÃO (P. 71) → PROCESSO PELO QUAL OS SERES VIVOS ELIMINAM ÁGUA PARA O AMBIENTE. AS PLANTAS TRANSPIRAM PRINCIPALMENTE PELAS FOLHAS E OS SERES HUMANOS, PELA PELE.

REPRESENTAÇÃO SEM PROPORÇÃO DE TAMANHO. CORES-FANTASIA.

REPRESENTAÇÃO DA TRANSPIRAÇÃO NAS PLANTAS. PARTE DA ÁGUA QUE É ABSORVIDA PELAS RAÍZES É LIBERADA PARA O AMBIENTE SOB A FORMA DE VAPOR.

BIBLIOGRAFIA

ATTENBOROUGH, David. *A vida na Terra*. 2. ed. São Paulo: Martins Fontes, 1990.

BERTONI, José; LOMBARDI NETO, Francisco. *Conservação do solo*. Piracicaba: Livroceres, 1985.

BIZZO, Nélio. *Ciências*: fácil ou difícil? São Paulo: Biruta, 2010.

BRASIL. Ministério da Educação. Base Nacional Comum Curricular. Versão final. Brasília: MEC, 2018. Disponível em: <http://basenacionalcomum.mec.gov.br/>. Acesso em: 29 ago. 2019.

BURNIE, David. *Dicionário temático de Biologia*. São Paulo: Scipione, 1997.

CAMPBELL, Neil A.; REECE, Jane B. *Biology*. 8. ed. San Francisco: Pearson Benjamin Cummings, 2008.

CHIANCA, Leonardo do A.; SALEM, Sônia. *Água*. São Paulo: Ática, 2006.

COLL, César; TEBEROSKY, Ana. *Aprendendo Ciências*: conteúdos essenciais para o ensino fundamental. São Paulo: Ática, 2001.

COULTATE, T. P. *Alimentos*: a Química de seus componentes. 3. ed. Porto Alegre: Artmed, 2004.

DÂNGELO, José G.; FATTINI, Carlo Américo. *Anatomia humana básica*. São Paulo: Atheneu, 2006.

Dicionário de Ecologia e Ciência Naturais. São Paulo: Melhoramentos, 1998.

HERLIHY, Barbara; MAEBIUS, Nancy K. *Anatomia e Fisiologia do corpo humano saudável e enfermo*. Barueri: Manole, 2002.

JOLY, Aylthon Brandão. *Botânica*: introdução à Taxonomia vegetal. 13. ed. São Paulo: Companhia Editora Nacional, 2002.

KINDEL, Eunice Aita (org.) e outros. *O estudo dos vertebrados na escola fundamental*. São Leopoldo: Unisinos, 1997.

LEPSCH, Igo F. *Formação e conservação dos solos*. 2. ed. São Paulo: Oficina de textos, 2010.

MICHEL, Françoise; LARVOR, Yves. *O livro da água*. São Paulo: Melhoramentos, 1997.

MILLER Jr., G. Tyler. *Ciência ambiental*. São Paulo: Cengage Learning, 2006.

PURVES, William K. *Vida*: a ciência da Biologia. 6. ed. Porto Alegre: Artmed, 2002.

RAVEN, Peter H. *Biologia vegetal*. 6. ed. Rio de Janeiro: Guanabara Koogan, 2001.

SCHMIDT-NIELSEN, Knut. *Fisiologia animal*: adaptação e meio ambiente. 5. ed. São Paulo: Santos, 2002.

STORER, Tracy I. e outros. *Zoologia geral*. 6. ed. São Paulo: Companhia Editora Nacional, 2000.

STRAZZACAPPA, Cristina; MONTANARI, Valdir. *Pelos caminhos da água*. 2. ed. São Paulo: Moderna, 2003.

TAIZ, Lincoln; ZEIGER, Eduardo. *Fisiologia vegetal*. 3. ed. Porto Alegre: Artmed, 2004.

TORTORA, Gerard J. *Corpo humano*: fundamentos de anatomia e fisiologia. 4. ed. Porto Alegre: Artmed, 2000.

WOLLFITT, Gabrielle. *Ar*. São Paulo: Scipione, 1996.

REFERENTE À SEÇÃO **DIVIRTA-SE E APRENDA** PÁGINA 80

JOGO DA MEMÓRIA DAS PLANTAS

SEMENTE GERMINANDO

SEMENTE GERMINANDO

SEMENTES

SEMENTES

FLOR

FLOR

CENTO E SESSENTA E UM 161

INFLORESCÊNCIA

INFLORESCÊNCIA

ABELHA POLINIZANDO UMA FLOR

ABELHA POLINIZANDO UMA FLOR

DISPERSÃO DE SEMENTES PELO VENTO

DISPERSÃO DE SEMENTES PELO VENTO

FOLHAS	**FOLHAS**
CAULE	**CAULE**
FRUTOS	**FRUTOS**

PLANTA AQUÁTICA

PLANTA AQUÁTICA

PLANTA TERRESTRE

PLANTA TERRESTRE

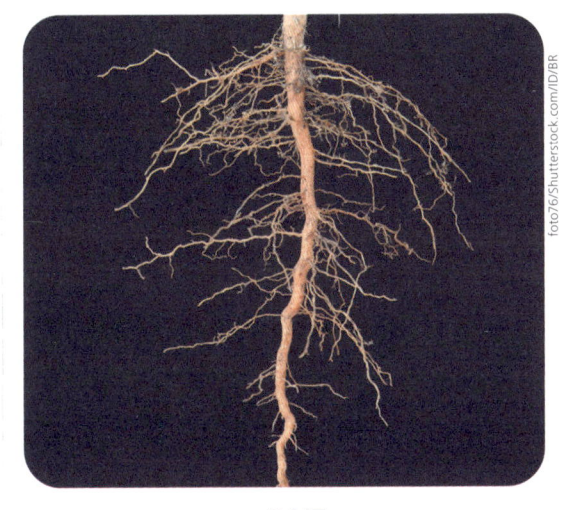

RAIZ

RAIZ

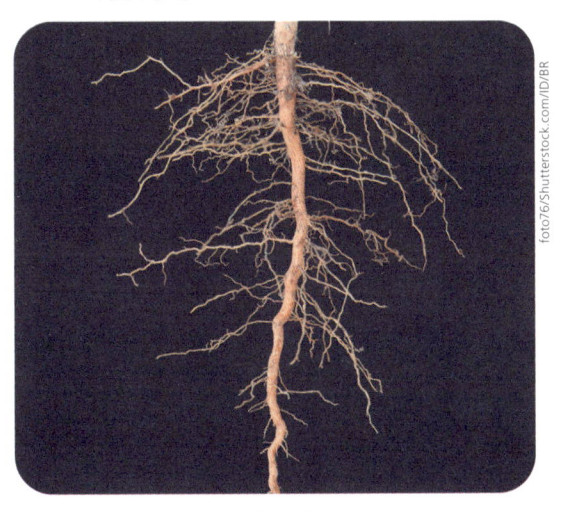

CENTO E SESSENTA E SETE 167

REFERENTE À ATIVIDADE 1 PÁGINA 56

BESOURO.

CACHORRO DE PELÚCIA.

BONECA.

CARRO.

GATO.

MINHOCA.

REFERENTE À ATIVIDADE 7 PÁGINA 63

REFERENTE À ATIVIDADE 7 PÁGINA 63

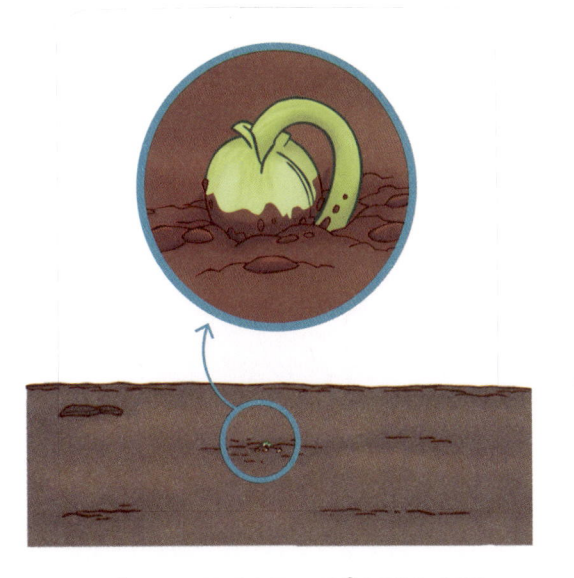

Laranjeira: pode atingir cerca de 10 metros de altura.

Ilustrações: Gustavo Machado

REFERENTE À ATIVIDADE 1 PÁGINA 137

Socador de alho.

SergeyAK/iStock/Getty Images

Madeira.

ESB Basic/Shutterstock.com/ID/BR

Cestos.

tharathip/Shutterstock.com/ID/BR

Bambu.

baona/iStock/Getty Images

Chapéu.

Fabio Colombini/Acervo do fotógrafo

Capim dourado.

Fabio Colombini/Acervo do fotógrafo